ブリーフセラピーを生かした学校カウンセリングの実際

短期学校カウンセリング5段階モデルの提案

栗原　慎二

ほんの森出版

発刊に寄せて

兵庫教育大学教授
上地　安昭

　著者の栗原慎二氏は教師カウンセラーとして、長年多大の関心と熱意をもって学校カウンセリングの実践的研究に専念してきた。本書は、その集大成である。

　本書は、大学の研究者や学外のカウンセリングの専門家が、第三者の立場から学校カウンセリングについて解説したものとは違う。学校教師の立場から、カウンセリングの専門家として、学校における有効なカウンセリングモデルの実践的研究による検証を積み重ね、独創的な学校カウンセリングの実践モデルを提唱しているところに本書の特徴がある。

　本書の特色は、具体的には次のような点にあると理解する。

1．著者は兵庫教育大学大学院在学中に、短期カウンセリングに関する国内外の研究論文を徹底的に調査し、本書の理論的構築が着実な文献研究を基盤に成り立っていること
2．同時に、著者は学校のカウンセリングルームに来室した多数の生徒への短期学校カウンセリング５段階モデルによるカウンセリングの豊富な実践的経験に基づいて、本書の事例を解説していること
3．本著書の短期学校カウンセリング５段階モデルは、学校カウンセリングの本来の目標である全児童生徒を対象にした発達的・開発的カウンセリングの技法として、もっとも適合していること
4．とくに教師カウンセラーが教育プロセスとして行う学校カウンセリングの有効性が、本書で実践的に検証されていること

5．本書の短期学校カウンセリング5段階モデルは、生徒のカウンセリングへの動機付けを高める有効な技法であることが実証されていること
6．本書は、逐語記録によるカウンセリング事例の具体的解説に基づいて、カウンセリングモデルの実践的手法を論理的かつ簡潔に提示しているので、学校カウンセリングの専門家はもちろんのこと、これからカウンセリングの学習を志す学校教師や学生にとっても理解しやすい学校カウンセリングの手頃な入門書として工夫されていること

　今や、学校カウンセリングは全国の学校に確かに定着しつつある。急激な社会の変化に伴い学校教育の困難の度合いが年ごとに拡大する時代の中で、学校カウンセリングへの関心と期待が一段と高まってきている感が強い。カウンセリングの導入によって、現在学校が抱えている諸々の問題が解決するとは考えない。しかし、学校カウンセリングの活用は、これからの学校教育の進展を左右する重要な教育課題であると考える。
　本書には、このような学校がおかれた厳しい現状の下で、カウンセリング活動を通じ、生徒と保護者および同僚教師への精神的支援に長年地道に専念してきた著者の教師カウンセラーとしての魂が込められている。つまり、本書は学校カウンセリングの活性化によって、我が国の学校教育の改革をめざす著者の一念から誕生した有用な実用書である。
　是非、多数の学校関係者の皆様のご一読、ご利用をおすすめしたい。

はじめに

　教師になってから十数年が過ぎました。当初は経験もありませんし、教育学や臨床心理学とは無縁の学生生活を送ってきましたから、生徒と対応する際の指針は何もなく、ただ勘だけを頼りに生徒と接する毎日でした。当然、力のなさを実感させられるような出来事もいくつもあり、『これではまずい。ちゃんと勉強しないと』という思いをもつようになっていきました。また、「体が大きいので」入ることになった生徒指導部で、なり手のいなかった教育相談係にたまたまなったのも新任一年目でした。

　このようなきっかけで私の教育相談の勉強は始まりました。いろいろなカウンセリング技法も勉強してきました。その勉強は子どもたちへの対応の仕方の幅を広げてくれましたし、多くのことを学びました。しかし、今ひとつ、しっくりこないところがありました。
　勉強をすればするほど、私の心の中には、『確かにプロのカウンセラーはすごい。学ぶべきこともたくさんある。でも、その技術を一般の教師がまねなどできるはずがない。それに、そもそも学校は治療機関ではなく教育機関だし、教師の仕事は子どもたちの成長を支援することであって、治療ではないはずだ‥‥』という思いが強くなっていったのです。また、「学校カウンセリング」と銘打った研修会に参加したり本を読んでいると、『いったいどこが学校カウンセリングなんだ。これじゃあ心理療法と違わないじゃないか』と思うようにもなっていきました。そしてその思いは、徐々に『学校という場、生徒の特質、教師の特質などを十分に考慮した、普通の教師カウンセラーにも十分使用可能な道具としての学校カウンセリングモデルが必要だ』という思いにまとまっていきました。

　今回、浅学にもかかわらず、また、カウンセリングのすぐれた本は数多

くあるにもかかわらずこのような本を書いたのは、教師が教師のための具体的なカウンセリング技法を提示することも、こうした状況を改善することに多少なりとも役に立つかも知れないと考えたからです。特に三章で示した面接の記録は、本来はとてもお見せできるような内容ではないのですが、『参考になるなら』という思いで恥を忍んで書いてみました。首を傾げたくなるところや、『そんなことはないだろう』と言いたくなるところも多々あるかと思いますが、ご容赦ください。

ところで、学校カウンセリングモデルを提示するといっても、オリジナルなカウンセリング技法を開発する力など当然ありません。私が今まで勉強してきたいろいろなカウンセリング技法の中から、学校にフィットする特質をもったいくつかのモデルを取り出し、さらにそれらのモデルを「学校という場・生徒の特性・教師の特性にフィットする」というフィルターにかけて、そのフィルターを通った材料を自分なりに再構成して一つの形に仕上げたということです。

具体的には、学校にフィットする多くの特徴をもつ解決志向アプローチ、認知行動カウンセリング、時間制限カウンセリングを中心に、交流分析などの視点も織り交ぜて統合モデルを作ってみました。技法面では主に解決志向アプローチの技法を、理論面では認知行動アプローチの理論を柱として、それらを時間制限カウンセリングの枠組の中で再構成しています。

この本は、校内で教育相談係をされている先生や、カウンセリングの基礎的な傾聴訓練ぐらいは経験されている方々を念頭において書きましたが、はじめて学校カウンセリングに取り組まれる方が読まれても、多分、大丈夫ではないかと思います。

なお、このモデルは「短期学校カウンセリング5段階モデル」と名付けましたが、実際には学校以外の場でも使用は可能であると思います。

目　次

はじめに …………………………………………………………………………… 5

第1章　理論編
1　モデルの全体像 ……………………………………………………………… 9
2　面接の目標 …………………………………………………………………… 11
3　介入のポイント ……………………………………………………………… 12
4　行動のメカニズム …………………………………………………………… 16
5　カウンセラーの態度 ………………………………………………………… 19
6　5回面接の流れ ……………………………………………………………… 20
7　面接構造について …………………………………………………………… 21
8　時間制限カウンセリングについて ………………………………………… 22

第2章　実践編
1　面接に先立って ── 面接上の留意点 …………………………………… 27
2　面接前期＝目標設定ステージ ……………………………………………… 31
　　ステップ1　安心感安全感の獲得 ………………………………………… 32
　　ステップ2　ゴール（最終目標）の設定と確認 ………………………… 36
　　ステップ3　モニタリング ………………………………………………… 41
　　ステップ4　対処方法の検討 ……………………………………………… 42
　　ステップ5　対処方法の選択 ……………………………………………… 47
　　いくつかの注意点や参考になること …………………………………… 52
3　面接中期＝変化の拡大ステージ …………………………………………… 54
　（1）面接中期の特徴 ………………………………………………………… 54
　（2）面接中期の目標＝変化の拡大 ………………………………………… 57
　（3）中期面接 ………………………………………………………………… 57

		ステップ1	安心感安全感の獲得——歓迎 …………………	57
		ステップ2	ゴールの設定と確認 ……………………………	58
		ステップ3	モニタリング ……………………………………	59
		ステップ4	対処方法の検討＝目標の細分化 ………………	63
		ステップ5	対処方法の選択 …………………………………	67
4	面接後期＝再統合ステージ ………………………………………			69
	(1)	面接後期の特徴 …………………………………………………		69
	(2)	面接後期の目標＝変化の定着 …………………………………		70
	(3)	再統合ステージ …………………………………………………		72
		ステップ1	安心感安全感の獲得 ……………………………	72
		ステップ2	ゴールの設定と確認 ……………………………	74
		ステップ3	モニタリング ……………………………………	75
		ステップ4	対処方法の検討——変化を維持するための目標	
			の検討 ……………………………………………	80
		ステップ5	対処方法の選択 …………………………………	82
5	Q&A ………………………………………………………………			84

第3章　事例

事例1	由岐の進路面接 ……………………………………………	95
事例2	友達ができず孤立していた優子 …………………………	129
事例3	部活動がうまくいかないキャプテン明 …………………	134
事例4	美容師になりたいまじめな恵子の進路相談 ……………	137

第4章　学校におけるカウンセリング

1	学校カウンセリングモデルとは ……………………………………	141
2	カウンセリングは学校教育相談にどう位置づけられるのか ……	148

あとがき ………………………………………………………………… 156

第1章　理論編

> 　ドライブには地図が必要です。目的地に着くには、目的地と現在位置、そしてルートが分かっている必要があります。カウンセリングの過程でも、いま自分がどこにいて、どこに向かっているのかが分かり、そのためのルートを見通している必要があります。
>
> 　理論は、あまりおもしろいものではありませんが、カウンセリングの過程で迷子にならないための地図と言っていいでしょう。頭の中に入れておくと、今起こっていることや今後の展開、とるべき行動などについてのさまざまな示唆を与えてくれるものです。
>
> 　この章では、モデルの理論について述べます。

1　モデルの全体像

モデルの基本的発想 ── 車のスタック

　道端で車が動けなくなっている状況を想像してみてください。考えられる原因は大きく二つあります。一つは、何かの故障で車自体が動かなくなっている場合、もう一つは、車は大丈夫だけれども、ぬかるみにはまったりして抜け出せなくなっている(スタックしている)場合です。

　これを人間にたとえれば、前者は内因的な病気の場合、後者は**健康な人が一時的にうまくいかなくなっている状態**と考えられます。

　このモデルで対応するのは後者のケースです。故障も多少は扱いますが、

車についての基礎知識があれば何とかできそうなレベルのもの（軽度の神経症レベル）にとどめます。本格的故障（精神病や人格障害、中度以上の神経症など）の場合は、修理店（専門機関）に任せます。学校は修理店ではないからです。

　ちょっと話はそれますが、私は教師カウンセラーがなすべきなのは修理ではなく、修理が必要かどうかの見極め（アセスメント）だと考えています。ケースにもよりますが、原則的に、教師はたとえ治療的力量を持っていたとしても、治療的領域には深入りするべきではないと思っています。

問題解決の公式

　スタックの中にいる運転手は、普通ならパニックがおさまった後（①安心感安全感の獲得）、目標を「脱出」に定め（②ゴールの設定）、エンジンや路面やタイヤの状況などを調べ脱出に役立ちそうな情報を集めながら状況を判断し（③モニタリング）、できそうな対処方法を考えて（④対処方法の検討）、やってみる（⑤対処方法の選択）でしょう。

　このモデルの基本仮説は、この5段階は問題解決の一種の公式ではないか、ということです。具体的に言えば、「対人関係がうまくいかない」「進路が決まらない」「やる気がでない」といった問題は、この問題解決の公式を当てはめることである程度は解決できるのではないか、ということです。

　言い方を変えれば、問題状況とは問題解決の公式を何らかの理由でうまく自分の問題に適用できなくなっている状況と考えられます。そこでこのモデルは、この問題解決過程を生徒と共に歩みながら、生徒が自分の問題に問題解決の公式を適用できるように支援していこうとします。

　したがってこのモデルは、二つの目標を持っています。一つは、生徒が持ち込んだ問題の解決です。そしてもう一つは、生徒自身の問題解決能力の強化です。そういう意味で、このモデルは治療モデルというよりは**教育モデル**といえるでしょう。

2　面接の目標

自己効力感について

　このモデルは「自己効力感」の改善に焦点化します。自己効力感とは、「**ある状況において必要な行動を効果的に遂行できるという確信**」のことです。『なんとかやれそうだ』という感覚、自信といった感じでしょうか。

　前出の車のスタックの例で言えば、脱出できる状態にあっても、『できない』と思っていれば行動しないでしょうし、逆にどんなに状況が悪くても『可能性はある』と思っていれば脱出のための行動は起こるはずです。別の例ですが、『猛勉強すれば受かるかも知れない。でも無理かなぁ』と思っている生徒は、おそらく何もしないでしょう。「合格するということに必要な行動を効果的に遂行できるという確信」＝自己効力感が低く弱いからです。このような自己効力感では、たとえ教師が尻を叩いても長続きはしません。

　つまり、**行動が起こるかどうかは自己効力感の高低強弱にかかっている**のです。バンデューラという人は、**自己効力感は個人の行動の最も重要な予測値である**としています。ある行動についての自己効力感が高まればその行動が起こり、低ければ起こらないということです。

このモデルの目指すところ

　以上の説明からも想像がつくと思いますが、このモデルは自分自身の存在や能力などについて肯定的にとらえられるようになり、『なんとかやれそうだ』となることを目指しています。具体的には、次の三つです。

①**自尊感情の改善**
　自尊感情は自己を肯定的にとらえる感情で、情緒的な安定の基盤となり

第1章　理論編　11

ます。自己肯定感という言い方をする場合もあります。このモデルではほぼ一貫して生徒の肯定的側面に着目しますので、その改善を図りやすく、他のモデルに比べて自尊感情を傷つける危険性が低いという特徴を持っています。

②自己コントロール能力の向上

教師の願いは、生徒が持ち込んだ問題の解決だけではなく、その解決過程を通じて生徒が問題解決能力を高め、今後はさまざまな問題を生徒が一人で「乗り越えていく力」を身につけることではないでしょうか。このモデルは、そのために必要な自己コントロール技術(スキル)の習得と強化に焦点化します。

③自己コントロール能力についての自己効力感の向上

ちょっと回りくどい言い方ですが、実際には自分をコントロールして状況に対処する力があっても、自己コントロールできるという感覚、すなわち「自己コントロール能力についての自己効力感」がなければ、何とか自分で対処しようという思いは生じにくいでしょう。逆に、自己コントロール能力についての自己効力感の改善は問題解決への意欲を生み出し、力強く問題に立ち向かって行くことに直結します。

そこでこのモデルは、自己コントロールスキルの習得と強化を通じて、自己コントロール能力についての自己効力感の改善を目指します。

3　介入のポイント

面接は、前述の「問題解決の公式」(①安心感安全感の獲得、②ゴールの設定と確認、③モニタリング、④対処方法の検討、⑤対処方法の選択)の5段階を一つずつクリアしながら進行します。

具体的には、まずは傾聴してパニック状態がおさまるのを待ち、その後は②〜⑤について質問し、生徒の返答を傾聴します。生徒の側からすれば、今まで意識を向けなかったことや考えなかったことを考えさせられること

になるアプローチといえます。交流分析的にいえば、Aを刺激するアプローチともいえるでしょう。面接は、この「**質問と傾聴の繰り返し**」です。

以下、各面接段階での留意点を述べます。

安心感安全感の獲得のポイント

面接でなにより重要なのは、生徒が『カウンセラーは味方だ』と思い、安心感安全感を持つことです。このモデルでは、そのために二つの方策をとります。

第一は**積極的傾聴**です。よく受容・共感が大事だといわれます。それを否定するわけではありませんが、いくら心の中で受容し共感していても、それが表現されなければ生徒には伝わりません。大切なのは、それが生徒に伝わることです。そのためには、声のトーン、うなずき方、姿勢や仕草などに十分留意して、傾聴していることが非言語的にも伝わるように聴くことが大切です。一般的な傾聴訓練はこのモデルでも当然重要です。

第二に、**生徒なりの労苦を察知し言語でフィードバックする**ことです。どのような生徒であれ奮闘している部分があります。その部分を面接初期の段階で見つけ、共感を示し、**理解していることを伝える**わけです。一種の**ねぎらい**と言っていいでしょう。これによって生徒は、カウンセラーを自分の理解者だと思うでしょうし、そうなれば、生徒は安心して面接に臨むことができます。

ゴールの設定のポイント

ゴール＝最終目標を設定する際のポイントは、第一に、**目標をその生徒の欲求に根付かせる**ことです。「かくあるべき」という目標は動機付けにはなりません。禁煙がそのいい例です。大切なのは「是非そうなりたい」と思えるような意欲の源泉となる目標を設定することです。交流分析でいえば、

CPではなくFCを活性化する目標ということです。

　第二に、目標を**観察可能な行動レベルのイメージにする**ということです。「部活動を頑張る」という抽象的な言葉は、「練習中に声を出す」「シュート練習を百本増やす」という観察可能な、あるいは計量可能な行動レベルの言葉になって初めて行動への道筋を示すことになります。

　なお、ここでいう目標は、解決志向アプローチの「ミラクルピクチュア」に相当します。

モニタリングのポイント

　モニタリングとは、自分と自分を取り巻く状況を観察し把握することです。

　その第一のポイントは、**ポジティブな部分やいい変化を見つけること**です。もちろん物事にはマイナスの側面もありますし、冷静な観察眼も必要です。しかし、『プロ野球選手になりたい』『宇宙飛行士になりたい』といった簡単には手が届かないような夢や希望を維持し続けるには、多少現実離れしていても、現実状況の中からポジティブな部分をモニタリングする力が必要です。冷静でマイナスの側面を重視するモニタリングに基づく判断は、まちがった結果を引き起こさないかも知れませんが、現状の自分を越えていくような結果も引き起こしません。

　第二に、**成功のプロセスを丹念に聴く**ことです。たとえばサッカーである選手がシュートを決めたとします。その選手が「なんだかわからないけどシュートが入った」と言っているとすれば、次のシュートが決まる可能性は低いでしょう。しかし、「こうやったらシュートが入った」と言うようであれば、次のシュートが決まる可能性は格段に高くなります。両者の違いは、どうすれば成功するか、つまり、**成功ための道筋（HOW）をモニタリング**できているかどうかです。「**どうすれば成功するかについての自分なりのやり方**」に気付けば、成功の再現は可能なのです。自信も生まれるでしょう。

そのためには、成功のプロセスを丹念に聴くことが重要です。

第三に、**その人自身に内在する成功の原因を明確化する**ことです。自信のない生徒は、たとえ成功しても『運が良かった』『問題が易しかった』『○○さんが助けてくれた』などと、自分以外のものに成功の原因を帰属させる傾向があります。「成功は他人や運のおかげ、失敗は自分のせい」というマイナス思考のスタンスから抜けられないのです。これでは自己効力感も自尊感情も育ちません。サッカーの例で述べましたが、自己効力感を育てるには、「**成功の原因は自分自身にある**」ことに気付くことが重要です。そのためには前述のモニタリング過程をうまくやることが必須です。

なお、成功の原因は努力などの変化しやすい要因にではなく、**能力や資質などの安定的な要因に帰属させる**ほうがベターです。「頑張ったからシュートが決まった」と言うよりも、「点を取る**能力がある**」と言われた方が自己効力感が伸びるということです。

対処方法の検討

この段階では、ゴールに向かうための具体的な対処方法を検討します。「車のスタック」の例で言えば、脱出という最終目標を実現するには、たとえば、タイヤの下に板をかませてみる、牽引してくれそうな車を探す、ＪＡＦに電話をするなどの方法があるかもしれません。この具体的な対処方法が、実際の目標になります。

さ、この段階のポイントは、第一に、**観察可能な具体的な行動レベルのイメージにする**ということです。これについては、ゴール設定のところで説明したのと同じことです。

第二に、「**近未来の小さな目標**」にすることです。「遠い将来の抽象的で大きな目標」では自己効力感は高まりませんし、意欲もでてきません。時間的に近いこと、小さいことのほうが自己効力感が高まりますし、意欲を喚起できるからです。

第三に、目標までの過程を可能なかぎり**スモールステップ**にすることです。それによって『できた！』とか『よし！　これでいいんだ』という成功の感触を何度も味わうことができるからです。実は、**自己効力感は**「**自分の力で成功した**」**という体験を通じて最も効果的に育まれます**。どんなに小さくても成功体験が重要なのです。
　なお、このあたりのことについて、興味深い実験をしたのが、バンデューラとシュンク(1981)という人です。
　詳しい説明は省きますが、**ゴールにつながる**「**近未来の具体的で小さな目標**」**が、行動化をうながし、自信を育て、新たなる行動への意欲を生み出す基盤となる**ことが実証的に説明されていて『なるほど』と思います。

対処方法の選択

　この段階のポイントは、前段階で検討された対処方法の中で、もっとも簡単そうなものを選択するということです。簡単であればあるほど、行動を起こしやすくなるからです。こんなに小さな変化でもいいのかと思うほど小さな変化でかまいません。重要なのは、大きな変化を起こすことではなく、小さくても確実な変化を引きだすことにあります。
　教師は根本的な変化を求めがちです。しかし、**変化は自己効力感の上昇の結果として必然的に生じる**というのがこのモデルの基本仮説です。無理をして大きな変化を引き起こそうとしないことが大切です。

4　行動のメカニズム

「よい子」と「悪い子」

　次に、行動のメカニズムについて見ていきます。
　18頁の図1を見てください。おおざっぱな言い方ですが、行動は否定的

行動と肯定的行動の二つに分けられます。右側の行動が多い生徒は、いわゆる「いい子」です。「いい子」がいい成績を取ったりちゃんとやっていると、その原因は「能力・個性・適性」にあるといわれます。悪いことをしても、それは「たまたま」であり「例外」とされます。ところが「悪い子」はそうはいきません。悪い成績や行動は、その生徒に「能力」がなく悪い「性格」だからであり、たまによい行動や成績を取っても、それは「たまたま」であり「例外」とされがちです。

　周囲の人からこのように扱われつづけられれば、その扱いに応じた自己認知や他者認知、人生観が形成されるのは当然です。「いい子」はますます積極的になって成功体験を積み重ね、力を伸ばして行くでしょう。逆に「悪い子」はますます消極的で無気力になったり、他人に対して攻撃的になったり、あるいは逆に迎合的になるかも知れません。いずれにせよ「**悪い循環**」が生まれ、能力があったとしても成功とは縁遠くなるでしょう。

2種類のアプローチ

　カウンセリングには2種類のアプローチがあります。次頁の図1で言えば、一つは「否定的行動」の減少をめざして悪循環のどこかを断ち切るというアプローチです。既存の治療モデルのほとんどすべてはこちらに属すると言っていいでしょう。そのアプローチでは、マイナスの話題がでてくると、カウンセラーは十分にその内容を語ってもらうことで原因を探って仮説を立てたり、共感を示すことでマイナスの感情を吐露させてカタルシス効果をねらうことになります。プラスの部分（図1の右半分）への介入は基本的には副次的なものです。

　もう一つは「肯定的行動」の増加をめざすアプローチで、「**よい循環**」を生み出そうとするモデルです。この場合は、プラスの部分（図の右半分）への介入が中心になり、マイナスの部分（図の左半分）への介入は副次的なものとなります。

結果として図の右側が拡大し左側が縮小すればいいわけですから、臨床的にどちらのアプローチが優れているということはないと思います。このモデルは後者に属しますが、それは、学校では「よさを伸ばす」開発モデルのほうがフィットするからということと、前者のアプローチはいわば手術のようなもので、臨床心理学的な専門性の低いわれわれ教師には、実は難しい方法だと思うからです。

介入の方法

　このモデルで実際に用いる介入の方法が、図１の中の「介入方法」です。
　実際の面接場面では否定的なこと（図の左側の部分で、「できない」「失敗した」など）が多く報告され、情緒的混乱が大きいほどその傾向が強くなります。これに対してカウンセラーは十分傾聴し、**そのつらさや苦しみに対しては十分に理解**を示します。そうしないと『カウンセラーはわかってくれない』ということになり、面接は失敗します。

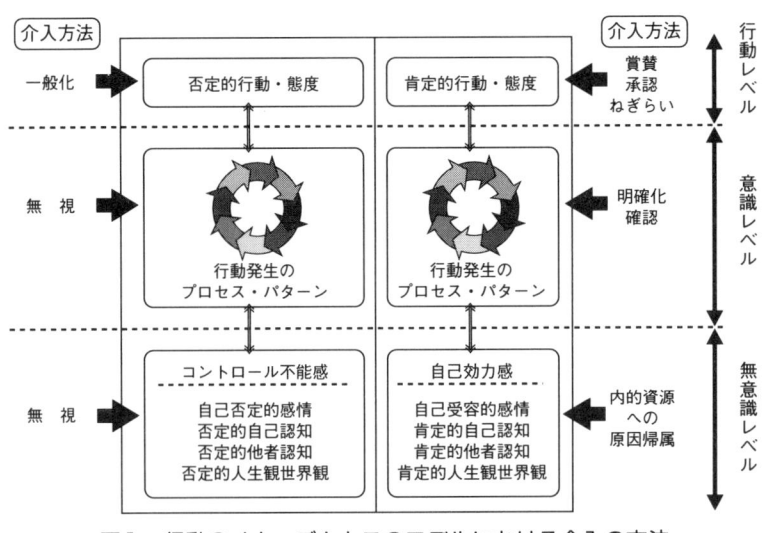

図１　行動のメカニズムとこのモデルにおける介入の方法

ただ、語られたマイナスの内容については、**内容自体には原則として無視**し、掘り下げるようなことは一切しません。むしろ、否定的な話題の中から肯定的な部分を見つけだし、それを手がかりに面接を肯定的方向へ導くようにすることが重要で、そこがこのモデルにおけるカウンセラーの勝負どころの一つになります。無視というと聞こえが悪いですが、出口が見えなくなるような話題に時間を割くよりは、肯定的事実の積み上げに時間を割きたいということです。

　肯定的行動に対しては、「賞賛・承認・ねぎらい」「肯定的行動発生のプロセス・パターンの明確化・確認」「明確化された肯定的行動の内的資源（能力・個性など）への帰属」を行うことで強化します。

5　カウンセラーの態度

　ここまで読んできてすでに感じておられるかも知れませんが、このモデルは生徒の肯定的側面にアプローチすることで生徒の前向きな感情を引き出し、それを基盤にして面接を進展させるモデルです。そのため、このモデルを使うカウンセラーには、次のことが要求されます。

　第一に、**支持的な態度**に徹することです。特に面接中期にはこの態度が強く求められます。

　第二に、**ゆったりとした態度**で臨むことです。このモデルは面接期間の限定された短期モデルであるために、変化が小さい場合や終結間近の面接後期にはカウンセラーに焦りが生じることが十分に予想されます。その時こそゆったりとした態度で面接を進めることが重要です。焦りは『あなたの状態は悪い』『あなたは変化しがたい』というメッセージとなって生徒に伝わります。

　第三に、**生徒の成長の可能性を信じる態度**です。特に生徒の変化が小さい場合など、つい操作的な介入をしてしまったり、終期にはカウンセラー自身が分離不安を覚えて生徒と分離できなくなる可能性があります。そう

ならないように、生徒の可能性を常に信じ、安定した気持ちで面接を終結することが、その後の生徒に対して肯定的な影響を与えることはいうまでもありません。

6　5回面接の流れ

ここまで述べてきたことを踏まえて、各回の面接で、どのようなことを意識しているのか、また、5回の面接がどのように流れていくのか、おおよそのイメージを述べたいと思います。

図2をご覧ください。

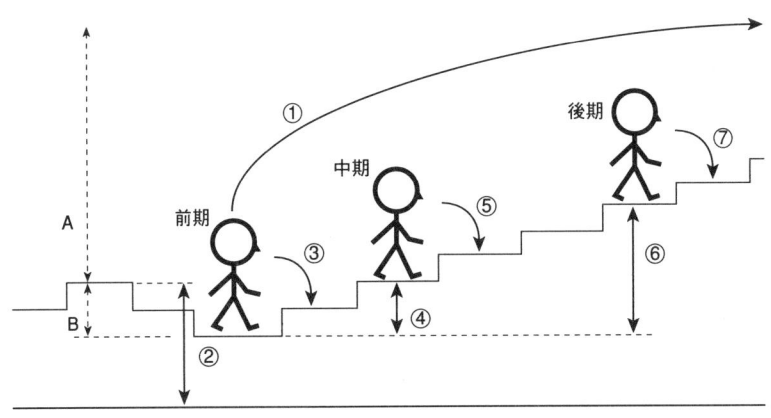

図2　短期学校カウンセリングモデルの介入の概略的イメージ

面接初期（初回面接）

まず、初回から5回までの面接を通じて、各回に共通するのは、ゴールを明確化すること、成功体験とそれを可能にした方法・能力・理由などを明確化すること、次の一歩を考えること、の三つが柱になっています。

その上で初回面接では、生徒の言いたいことに耳を傾け、生徒が面接で取り組みたいと思っていること(＝ゴール)を明確にします(①)。ゴールが明確になると、多くの生徒は、目標からの隔たり(A)や下降した部分(B)に意識が向いてしまいますが、達成できている部分やしてきた部分(②)を丹念に聴くことで、それを可能にした自分の能力やスキルを浮き彫りにします。最後に、次の一歩を考えます(③)。

中期(第2～3回面接)

　前回からの変化(④)に着目して、肯定的変化を見つけだし、それを可能にした自分の能力やスキルを明確にします。能力や資質を浮き彫りにして行くわけです。その上で次の一歩を考えます(⑤)。

後期(第4～5回面接)

　面接過程全体で成し遂げた成長(⑥)を明らかにし、それを可能にした自己コントロールスキルを明確化します。認知的変化があれば、それをも明らかにします。最後に「この調子」を維持する方略(⑦)を探索します。

7　面接構造について

　構造といってもピンとこないと思うのですが、簡単にいえば、行き当たりばったりで面接をするのではなく、最低限、面接の日時・場所・所要時間という「面接の枠組み」をきっちりと決めるということです。
　面接構造を保持することはたくさんのメリットがあります。たとえば、①守られた安全な時空間を提供する、②面接期間全体がカウンセラーからの肯定的関心を向けられる時期になる、③面接と面接の間の期間がより意味のあるものになる、④教師も生徒も落ち着いて面接に臨むことができる、

④以上の結果、面接全体を肯定的な方向に導く、⑤生徒の面接構造への対応をみることで生徒の内面や病理を判断する材料が得られる、などです。

このように、**構造の保持は非常に大切で、特に学校では構造を作る力が**カウンセラーとしての力と言ってもいいぐらいだと思っています。学校では一定の構造をもった面接はほとんど行われていませんが、チャンス面接や呼び出し面接でも、それらをきっかけにして構造をもった面接へ移行するほうが高い面接効果を期待できると思います。

とはいえ、現実の学校では一定の時間と場所を確保することは結構大変です。実際、私も苦労しています。そこでこのモデルは、多忙な現場でも何とか構造の維持が可能な時間と回数を想定して、1回30分5回を基本にしています。初回面接で、この時間と回数で面接を進めることを生徒と約束するわけです。なお、30分とは昼休みを想定した時間です。場所は相談室かどこか落ち着いた場所で定期的に利用可能なところであればOKです。

なお、カウンセリングとは直接関係ありませんが、相談室を整備したり、公欠扱いで授業中にカウンセリングできるようにしたり、2時間連続の空き時間をなるべく多く作ってもらったりすると、実際にはかなり構造化した面接がやりやすくなります。

8　時間制限カウンセリングについて

回数制限の持つメリット

このモデルは初回面接の時点で面接回数を明示する時間制限カウンセリングモデルでもあります。

回数を制限することにどんな意味があるのかと考える方もいらっしゃるとは思いますが、単に期間を短期化することだけではなく、実はいろいろなメリットがあります。たとえば、①青年期の主要な発達課題である分離

個体化を促進する、②時間への適応という課題の達成体験を促進する、③カウンセリングへの動機付け効果と中断を予防する効果を持つ、④カウンセリングの長期化にともなう無制限な退行を予防し面接の安全性を高める、⑤カウンセラーが面接全体を構成しやすくなる、⑥面接構造の維持が比較的しやすくなるといったメリットです。時間制限カウンセリングのこうした特徴を、学校で生かさない手はないと思います。

何回にするか

　私の経験では、30分5回の面接でもかなりの問題までカバーできますが、援助ニーズが大きい場合には1回1時間12回までのばすこともあります。逆に自尊感情も自己効力感も高い生徒の場合、1～2回の面接でも顕著な効果がある場合もありますが、**安易な短期化は避けるべき**だと思います。というのは、面接初期には「改善したかのように見える時期」が生じることがあります（転移性治癒といいます）。そのいわば「見かけの改善」に惑わされて中断すると、かえって状態が悪化する場合があるからです。

　実際の面接契約は、初回面接の最後で、〈今日話した問題がいつ頃までに解決したらいいかな〉と質問し、「1学期中に」と答えたら、〈じゃあ、7月15日を最終回にして今日を入れて全部で5回でどうかな？〉と提案します。生徒が「いいです」と言えば面接日程を調整します。問題が重そうな生徒の場合は時間や回数を増やしますが、回数が長くなると構造の維持も困難になりますし、生徒も動機の維持が難しくなり中断する危険性も高くなるので、私は長くても8回程度にしています。それ以上になりそうな場合は、治療的ニーズが高いと思われますので、専門機関につなぎます。

対象生徒の条件

　時間制限カウンセリングはかなり父性性の強いモデルなので、①明白な

精神病患者や急性精神病状態を呈した患者、②境界例患者、③アルコールや薬物などの中毒患者、④精神薄弱者、⑤長期的にわたる不登校生徒といった生徒には適用できません。ただ、こうした生徒は実際にはごく少数ですので、学校に登校していて面接契約を結ぶことのできる生徒であれば、ほぼ適用は可能です。長期不登校の生徒や病理の強い生徒の場合には、時間制限という枠をはずして面接をするようにしています。なお、学校には分裂病の初期の生徒や境界例の生徒もいるはずで、そうした生徒の見分けや専門機関と連携したかかわりのためにも、教師カウンセラーは基本的な精神医学的知識を持つことが望ましいでしょう。

予備面接の省略

通常、専門機関では情報収集のための予備面接を数回行いますが、このモデルでは予備面接を省いています。理由は、このモデルが過去についての情報をあまり必要としないこと、学校では利用可能な本人についての各種の情報がすでにあること、プライバシーに深く立ち入ることは学校教育になじまないこと、過度に治療的な面接は学校カウンセリングの定着を阻害する可能性があること、などがあげられます。要するに学校で予備面接をすることは非現実的だということです。

とはいえ情報が豊かであることは、生徒の多面的な理解につながります。さいわい学校には各種の記録や検査結果がありますし、担任からの情報収集や日常的な観察なども可能です。また、必要な情報は面接の過程で直接本人に聞いていけばよいでしょう。

面接の評価

面接を適切に評価するのはなかなか難しいですが、自分の面接を客観的に振り返るためにも、また未熟な終結を予防するためにも、評価すること

は大切だと思います。私は二つの方法で面接の評価を行っています。

　一つは、面接の過程で「今の自分の状態は10段階評価で何点ですか」といった質問をし、生徒に自分の状態を評価してもらうのです。この得点が上がっていれば、状態は改善していると考えます。

　もう一つは、このモデルのターゲットである自尊感情と自己効力感を質問紙検査で調べることです。検査である程度得点が上昇していれば面接の効果があったと考えます。ちなみに私は、Rosenbergという人が作った自尊感情尺度とShererという人が作った自己効力感尺度を面接の最初と最後にやり、面接の評価に利用しています。二つで5分ぐらいでできます。

面接の終結

　このモデルでは、最初に面接回数を制限しているので、原則的には、その最終回で何らかの肯定的変化がみられれば、その後の生徒の自己成長力を信じて終結することが望ましいと思います。というのは、決めた回数で終結することが分離個体化の体験となるからです。私の経験では、最終回で不安を述べた生徒でも、面接終結後に加速度的に改善した生徒が少なくありません。つまり、カウンセラーとの分離体験がその生徒の成長を促進するのです。援助が不十分な可能性は否定できませんが、学校の場合は、専門機関とは違って日常的な観察が可能であり、必要があれば新たに相談に応じることも容易です。だとすれば、契約回数で終結するメリットのほうがデメリットよりも大きいと考えられます。変化がみられなかったり悪化している場合にも、延長するより一度終結して新たに初回からやり直すほうがよいかも知れません。

第2章　実践編

　目的地に着くには地図が頭に入っているだけではなく、運転技術が必要です。そのためには、まず教習所でアクセル、ブレーキ、ハンドルなどの車の各部品の役割と基本的な操作の仕方を教わって、さらにはドライビングテクニックを知る必要があります。
　第2章では、具体的な介入方法とモデルの流れを面接の順を追って説明しています。実際の面接を進めるには、この章が参考になると思います。

1　面接に先立って ── 面接上の留意点

非言語的表現のモニタリング

　まずは普段の面接で意識していることについてコメントしておきます。
　たいていの場合、クライエントの内的な状態はちょっとした仕草や話しぶり(語調や語尾など)に反映します。パッとしない口調で「何とかやっています」といった場合は、おそらくうまくいっていません。決意を伴わない表情で「やってみようと思います」と言う人は、きっとやらないでしょう。
　したがって面接では、発言内容以上に**クライエントの非言語的表現をモニタリングし、内的状態を推察する**ことが重要になります。ですから面接では、「顔色をうかがう」ことが重要になります。

コミュニケーションのモニタリング

　第二に、**常に自分とクライエントとのコミュニケーションのモニタリングをしながら面接を進める**ことが重要です。相手の顔色を見ながら、こちら側の対応を微調整し、その微調整に相手がどう反応するかをモニタリングします。『こういうニュアンスの言い方だといい表情はしないな。じゃあ、ちょっと柔らかく言ったらどうなるかな。あっ、すこし表情が和らいだ。この言い方のほうがフィットするみたいだな』などと、いつも自分の言葉や表情に相手がどう反応するかをチェックしながら面接をするわけです。

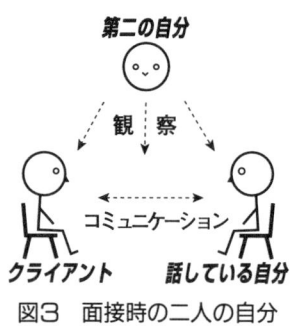

図3　面接時の二人の自分

　よく面接演習を行う際に観察者の役をおきますが、ここまで指摘した二種類のモニタリングは、まさにこの観察者の仕事です。言い替えれば、**カウンセラーは常に「観察者」の視点と頭脳を持ちながら面接することが重要だ**ということです。この辺の感覚を磨くには、基本的な面接演習の繰り返しが大切だと思います。

違和感やズレの感受とその確認

　以上の二つのモニタリングがうまくいっていると、『あれ、変だな』と思う場面があります。たとえば先述の「やってみようと思います」という言葉と決意を伴わない表情はズレています。こうした**言語的表現と非言語的表現とのズレや、何となくカウンセラーが感じる違和感は、多くの場合、非常に重要なポイント**になります。
　このズレは、つっこみどころといってもいいかもしれません。この例では、〈でもちょっと引っかかるものがある？〉とつっこめば、「実は‥‥」と

いった話がでてきて、面接が深まるかもしれません。

　もっともこの「違和感やズレ」は、クライエントにとって「痛いところ」や「隠したい部分」である可能性も高いので、その辺を配慮しながら、**やりすぎない程度に違和感とズレを確認していくこと**が大切だと思います。

メモについて

　通常のカウンセリングでは、メモを取ることで警戒心が生まれたり、モニタリングやコミュニケーションを損なう危険性があるためメモを取りません。ただ、このモデルでは、クライエントの発言を憶えている必要があるため、簡単なメモを取るようにします。また本来面接後には面接記録をつけるべきでしょうが、多忙な教師にとっては現実的にかなり困難ですから、メモを取ることでずいぶん助かります。

　そこでこのモデルでは、
　①生徒にも見えるようにメモすること
　②肯定的な内容の記録にとどめること
　③キーワード程度にとどめること
で、メモに伴うマイナス面を軽減するようにして、メモを取ることにしています。

　実際にやってみると、生徒は担任面談などでメモを取られることになれているせいか、いやがる生徒はかなり少なく、むしろ二回目以降は、「今言ったこと、書いておいてください」とまでいう生徒もいます。それでも隠しておきたい問題がある生徒の場合には、メモをいやがるかもしれません。その場合は、〈誰にも見せないし、書いてほしくないことがあれば言ってくれれば書かないから〉とことわります。今までのところ、メモを取っていてマイナスを感じたことはありません。

表1　問題解決の公式

介入目標	主たる介入行動	主な質問や言葉	主な留意点
<ステップ1> まずは話を聞いて関係をつくろう			
安心感 安全感 の獲得	・歓迎 ・面接構造の説明 ・概要の把握 ・要約と確認 ・理解のフィードバック	・今日は○分ぐらいで、… ・どんなことを話したい？ ・最近、○○はどう？ ・〈苦労・汗・涙〉を理解しました	・話を方向付けない ・非言語的表現の観察 ・内容と感情の両面を確認 ・感情には焦点化しない ・理解した苦労等を言語化
<ステップ2> 嬉しいイメージを広げよう			
ゴール 設定	・ゴールの設定（10点像の作成）	・問題が全部解決したときにはどうなっているかな？ ・面接終了時にどんなふうになったら嬉しい？ ・10点満点になった時にはどんなことをしてるかな？	・問題解決後の生活の全体像を観察可能な具体的行動で言語化
<ステップ3> できていること・できたことを確認しよう			
モニタリング	・現状の点数化 ・できていることの確認 ・肯定的変化の探索	・現状は10点満点で何点？ ・できている部分はどんなところ？ ・どんないい変化があった？その影響は？ ・どうやってやったの？	・問題に引っ張られない ・良い点を丹念に探す ・小さくていいことの強調 ・事実の相互作用に着目 ・成功と自分との関係の明確化
<ステップ4> ちょっとだけ改善したイメージを広げ、よく考えさせよう			
対処方法の検討	・ゴールの細分化（プラス1点像の作成） ・ブレイク （メッセージの作成）	・現状からプラス1点になった時にはどうなっている？ ・そうなったときに君はどんなことをしている？ ・数分間、面接を振り返って今後のことを考えていてください	・プラス1点時の生活の全体像を観察可能な具体的行動で言語化 ・肯定的事実のリストアップ ・〈プラス1点像〉を参考に提案作成
<ステップ5> メッセージで自信とやる気を育て次の一歩の準備をしよう			
対処方法の選択	・判断の確認 ・メッセージの伝達	・ブレイク中にどんなことを考えましたか？ ・私……と思いました（肯定的事実のフィードバック） ・〈プラス1点像〉を試しにやってみて、次回結果を教えてもらえますか？	・〈ねばならぬ思考〉に引っかからない ・肯定的事実を生徒の資質や能力に帰属させる ・生徒の意志を優先する ・スモールステップで

2　面接前期＝目標設定ステージ

1　面接前期の特徴と目標

　これからはじまるカウンセリングは、いわば二人三脚でゴールをめざして走るレースのようなものです。ところで二人三脚のレースで無事ゴールにたどり着くためには、少なくともスタートの時点で少なくとも二つのことがちゃんとしていなくてはなりません。さて、それは何でしょう？
　それは、転ばないようにちゃんとひもが結ばれていることと、めざすゴールが2人とも同じであるということです。
　当たり前のことですが、これができていなければ、まったくレースになりません。ですから初回面接の目標は、**ひもを結ぶこととゴールを確認すること**になります。そこで、面接前期を目標設定ステージと呼ぶこととしました。
　具体的に考えましょう。まず第一の「ひもを結ぶ」とは、『この人とならもう一度話してみたい』『この人と話をしていけば、ちょっと前に進める気がする』とお互いに思えるような関係になることです。カウンセリングの用語で、ラポールという言葉がありますが、その延長線上にある関係です。私のこれまでの実践経験からは、初回面接でこの関係が形成できれば、カウンセリングはほぼ半分は成功という感じです。
　実際、学校での面接は、自主来談、呼び出し、特別指導、ふらっと立ち寄り、定期面接など、いろいろな経緯で面接が行われます。その中には、当然、面接に対して後ろ向きな生徒もかなりの割合でいるはずです。以前、私が行った調査では、呼び出した生徒のうち、多少なりとも面接に期待を持っていたのは約3分の1で、逆にできることならやりたくないと思っていた生徒が3分の1いました。そうした生徒たちとも「ひもを結ぶ」ことが必要なのです。

もう一つの目標は、面接全体を貫く目標(ゴール)を設定することです。それは具体的で、目に見えるものである必要があります。ゴールについてはこのあと詳しく述べていますので、そちらをご覧ください。

　ひもが結ばれ、ゴールが見えれば、あとはゴールに向かって走るだけです。ただ、急ぎすぎは禁物です。初めての二人三脚をする生徒と、いきなり「走れ」ば転んでしまいます。あせらずに、相手のペースを読みながら、相手に合わせて進んでいきましょう。

2　初回面接

ステップ1　安心感安全感の獲得

歓迎

　どのような面接でも、クライエントがカウンセラーを問題解決のためのパートナーとして認めてくれなければ何も始まりません。特に短期モデルでは、この問題解決のための協働関係を早期に築くことが必須です。

　ステップ1では、クライエントが『この先生と一緒に取り組みたい』と思うことが目標です。この目標を達成できるかどうかが、カウンセリング全体の成否に大きく影響します。そこでこの段階では、相手の存在を大切に思い、それを具体的な態度やことばで示すこと、**相談に来る相手の気持ちを察しつつ、言語だけではなく非言語的な表現を意識的に用いながら、歓迎の意を柔らかく伝える**ことに神経を集中させます。

　具体的に考えてみましょう。はじめて相談に来る人は、面接に対する心の準備はできていません。扉の外で胸をドキドキさせながら『扉を叩こうか、やっぱりやめようか』と思っているかもしれません。呼び出し面接などの場合は、『本音など話すものか』とか『適当なことを言って時間が終わればいい』と思いながら、イヤイヤ面接に臨んでいる生徒のほうが多いでしょう。保護者面接では、心身共に疲れはてていたり、子育てへの強い自責の

念を持っておられる方も少なくありません。

　こうしたクライエントの心理状態を考えれば、扉をノックする音に、〈どうぞ〉と言うだけではなく、こちらから扉を開けて招き入れたり、保護者を玄関に迎えに行くぐらいのことは当たり前だと思います。

　なお、私はクライエントが相談室に入った後、1分程度ですが、カーテンを整えたりメモ用紙を用意しながら、〈今日は暑かったねぇ〉などといった雑談をします。クライエントが部屋を見回したり、一息つく時間を作るためです。様子の分からない部屋ではクライエントも落ち着かないだろうと思うからです。一段落したら自分も座って簡単な自己紹介をして面接に入ります。

面接構造についての説明
　一応、簡単なコミュニケーションがとれたならば、次に面接時間などについて説明します。**面接の枠組みがはっきりすることで、落ち着いて面接に臨みやすくなる**からです。〈今日はどれぐらい時間とれる？〉と聞いた後で、とりあえず今日の面接時間について、〈今日は40分で、今後については今日の面接が終わったところで相談しましょう〉というかたちで進めます。時間について弾力を持たせることは当然可能です。

　このモデルの基本的枠組みは以下のとおりです。
①面接時間：初回が40分。以後、30分を基準。
②面接回数：5回を基本。
③秘密保持：秘密は原則として保持するが、必要な教師間の連携が拘束されるような厳密な秘密保持は打ち出さない。秘密保持を明言しないと進まないような場面が生じた場合には、〈許可なく口外することはないので安心して話をしていい〉と伝える。
④面接場所：相談室などの落ち着ける場所。

　秘密保持については、いろいろな考えがあり、現実もなかなか難しいこ

とは十分承知していますが、**理念としては、学校は教師集団の協力が前提となっている場であり、専門機関とは別の守秘の形態がある**というのが私の考えです。

問題の把握

いよいよ主題に入ります。まずは、生徒がどのような状況にあって、どんな考えを持ち、どう感じているか、その大まかなところを把握することにつとめます。

話の切り出し方は、来談経緯にもよりますが、**比較的漠然**とした聞き方をします。そうすることでクライエントが自由に語れるようにすることを意図しています。たとえば、

〈今日はどんなことで？〉

〈まずは現状を話してくれる？〉

〈整理できたり，解決できたら嬉しいなぁと思うのはどんなことかな？〉

〈今日は進路のことについて話そうと思うんだけど、どうかな最近？〉

といった質問を最初にします。

もっとも、漠然としすぎていると、かえって『いったい何を話したらいいんだ』という思いになって防衛的になることもあるので、様子を見ながら（モニタリングしながら）、話しやすくなるような話題をこちらから出してもいいと思います。

生徒の話が始まったら非言語的なうなずきや相づちを用いながら、

〈なるほど。それで？〉

〈もう少し話してくれる？〉

といった、生徒の話を促進するような言葉を使います。

なお、生徒が「大学に行こうとは思うけど、あんまり勉強が進んでないんです」と言った場合、つい、〈志望大学は？〉〈どのぐらいやってるんだ？〉などと質問したくなりますが、こういう質問は生徒の次の発言を方向付け、生徒の自由な表現を妨げることにもつながります。**こちらの聴きたいこと**

を質問するのは、**タイミングを考えて、必要最小限にとどめる**ようにします。またこの段階では、情報収集よりもクライエントの話の流れを尊重しています。それは、クライエントが語りたいことを自由に語り、それが理解されることで生まれる**面接への動機付け効果**を重視しているからです。

労苦の理解の伝達

生徒の話が一段落して、ある程度話の概要が見えてきたら、

〈○○君は‥‥と考えていて、‥‥と感じているということかな？〉

といった具合に話を要約し、クライエントに確認します。もちろん違っていれば、修正してもらいます。**要約と確認は多くの意味を持ちますが、クライエントは『この人は話をちゃんと聞いて理解してくれる人だ』と感じる**ようです。

なお、通常のカウンセリングでは、クライエントの感情表出をうながし、カタルシス効果をねらいますが、問題の根が深い場合など、表出をうながすと面接が長期化しがちですし、面接者にも高度な対応技術が必要になります。そこでこのモデルでは、苦しみ、悲しみ、つらさなどの否定的な感情が表出された場合、

〈そういう状況の中で、○○に対して☆☆という感情を持ったということだね〉

〈とてもつらかったんだね〉

と言った具合に対応して**表出された感情そのものには十分に理解を示しますが、感情表出を促すような関わりはなるべく避ける**ようにします。

要約と確認が終わったら、次は**プラスのフィードバック**です。これは、話を聴く中で**クライエントの労苦や汗や涙、前向きな姿勢、さらにはそのような姿勢や踏ん張りを可能にしているその生徒の内的な強さや能力などをきっちりとキャッチして、それを理解していること言葉で伝える**ことです。前出の例では、

〈今は勉強は手に着いていないけど、何とかするんだという強い決意は理

解できたよ〉と伝えることは可能なはずです。

　いじめを受けた生徒には、その痛みと涙に共感し、それを**ねぎらい**、なおかつ、それを乗り越えて今ここにいる**その生徒の強さ**を理解したことを伝えたいものです。実際場面での例を挙げておきます。

- いじめや困難な家庭状況などの中で、何とかやってきた強さ、忍耐、精神力。
- 問題に取り組もうとしている意欲、姿勢。不登校生徒などの場合は、面接の場にいること自体がその現れ。
- その領域が自分の成長に重要であることを理解していること。その判断力、洞察力。
- 問題を冷静にみつめていること、問題解決を試みてきた努力、工夫する力、精神力。

　こうしたメッセージを伝えながら生徒を観察していると、相手の心にうまくフィットした場合には、肩の力が抜けたり、うなずきながら聞いていたり、涙を流すなど、表情や態度に変化が表れます。それによって、協働関係の基礎ができたかどうかを判断できます。

　労苦や踏ん張りを理解していると伝えると言っても、おべっかやヨイショの類はダメです。見透かされてしまって、かえって協働関係は崩れてしまいます。

　また、言い方ですが、早口はダメで、相手の心の奥深くに染みこむように、ゆっくり、かみしめるように言うといいような気がします。

ステップ2　ゴール（最終目標）の設定と確認

「変化への願望」の存在する領域を探す

　いよいよ面接のテーマ設定です。面接の開始からここまでは、生徒の話を妨げず、話したいように話させてきていますが、ここからは、面接の方向をある程度絞り込んでいく作業になります。

ここまでの話である程度何が面接テーマになるかがはっきりしている場合が多いですが、よくわからない場合もあります。そこで状況に応じて、たとえば、

〈ここまでの話からすると、面接は進路についてでいいかな？　それとも他にある？〉

〈今聞いていて、友達のことと、進路のことと、やる気がでないっていうことがでたんだけれど、その中の何を中心に話をしたい？〉

〈今、いろいろ聞いたけれど、まずどんなことを中心に話していこうか？〉

〈この問題を解決したら一歩前進っていうのはどんな問題？〉

といった質問をします。

　時に、教師としての受け入れにくいテーマや、期待と違うテーマの場合もありますが、ここは生徒の意見を尊重し、それを基本的に受け入れます。

　というのも、ふつう**「変化への願望」がすでに存在している領域がもっとも容易に変化する**はずだからです。また、そもそも話したくもないテーマの面接に、生徒が継続的に来るはずがないですから、面接を中断させないためにも、この点は重要です。

なりたい自分・状況をイメージ化する

　テーマが決まったら、面接で2人が目指すゴール（最終目標）を設定します。**ゴール設定とは、なりたい自分と自分を取りまく状況を具体的に描く（明確なイメージにする）ことで**、時間をかけて、けっこうていねいにやります。

　このモデルでは、ゴール設定を非常に重視します。**欲求に基づいた具体的なゴールは、変化への意欲の源泉となり、変化を導くことにつながります**し、逆に本人にとって魅力のないゴールは、本人のやる気を刺激しないので面接の失敗につながりやすいからです。

　まずは、

〈面接が終わって今の問題がぜーんぶ解決した時には、どんなふうになっ

〈てるかな？〉
〈今の問題がぜーんぶ解決したら、朝起きてから夜寝るまで、どんな一日を過ごしていると思う？〉
〈問題が解決したときには、友達は（おかあさんは、兄弟は、先生は）、あなたのどんなところが変わったって言うと思う？〉

といった具合に切り出します。なお、〈‥‥うれしい？〉というのは、変化を願望に基づかせるための言い回しです。〈‥‥解決すべきだと思っている？〉といった言い回しでは、意欲に基づく目標にはなりません。細かい点ですが、けっこう重要だと思います。

実際には、なかなか具体的なイメージがでてこない場合が多いのですが、そんな場合は、

〈まず朝はどんなふうになるかな？〉
〈問題が解決したときには、たとえば☆☆はどう変わっている？〉（学習は？　成績は？　親子関係は？　友人関係は？　気分は？）

といった形で呼び水をだしてもいいでしょう。そして、いくつかの具体的な変化、たとえば「○○を始めているかも」と答えたら、

〈家で勉強か。それで？〉
〈じゃあ、○○を始めたらどんな影響が起こるかな〉

といった質問で前の回答と関連性のあることを聞いていきます。散発の質問ではなく、ある程度、**芋づる式に聞く**ということです。その芋づるから芋がとれなくなったら、

〈他には何かあるかな？〉

と次に話を広げていきます。一つの変化は一つでとどまることはなく、生活全体に波及します。その生活領域全体における変化を明らかにしていくわけです。

聴き方のコツですが、たとえば、「おいしいパフェを食べた」と言われても、そのシーンは浮かんできません。〈中に何が入っていた？〉〈大きさや形

は？〉〈味はどんな感じ？〉〈入れ物はどういうの？〉といった質問をすることで、はじめてそのシーンがイメージができてきます。

でも、それだけでは足りません。〈どこの店？〉〈その日は暑かった？ 寒かった？〉〈だれと行ったの？〉といった質問によって状況全体を明らかにすることで、はじめてその人が「おいしいパフェ」を「おいしく食べられた」状況全体がイメージできるわけです。

ぐちゃぐちゃと書きましたが、このときカウンセラーが意識していることは、**問題が解決したと仮定して、解決後の状態を可能な限り詳細に、まるで映像が見えるかのように聴く**ということです。

イメージの確認

目標のイメージが描けてきたら、生徒の言った「解決像」を（メモを見ながら、また見せながら）生徒に確認します。〈ここまで話してくれたことを確認すると、問題が解決したときには、こうなって、ああなって、そうすると○は☆になって、‥‥ということだと思うんだけど、それで間違ってないかな？〉といった具合です。

生徒の言ったことを整理しているだけですので、たいがいは「それでいい」ということになりますが、「ちょっと違う」と言われれば、当然、修正します。

このフィードバックによって生徒は自分の理想像を意識化しますから、『そうなれたらいいなぁ。そうなりたい』という思いが強くなるようです。また、カウンセラーがしっかり聞いてくれているという感覚も同時に生じるようです。

イメージの点数化と修正

イメージの確認が終わったら、
〈ところで、君が『心から満足できる』状態を10点、逆に『最低最悪』の状態を1点とすると、今確認した「理想像」は10段階評価で何点ぐらい？〉

と質問し、ゴールを生徒自身に評価(点数化)してもらいます。

生徒はちょっと考えてから点数を言います。その後で、「10点」でない場合には、

〈じゃあ、どんなことが加わったら10点になるかな？〉

〈なにか付け加えたり、言い落としていることはないかな？〉

といった質問をし、生徒に自分のゴールを見つめ直してもらいます。

修正は何もない場合もあれば、かなり重要な修正が加えられたり、中心的なテーマが出てくることも少なからずあります。

修正が起こるのは、単純に言い残している場合と、カウンセラーと生徒との信頼関係が浅い場合とがあるようです。誰でもそうでしょうが、人と話すときには相手の出方をうかがい、相手が味方かどうか、信頼に足るかどうかの値踏みをします。特に対人関係に問題を抱えているような生徒の場合はその傾向が強くなりますから、本音を言うには時間がかかりますし、何回かのチャンスが必要です。修正の有無を問うのは、ここでもう一度本音を話すチャンスを提供する意図もあります。

また、イメージを使うのは、イメージは強力な力を持っているからです。よくスポーツ選手がイメージトレーニングをやりますが、催眠でもメンタルリハーサルという方法があって、イメージを利用します。

おいしかった店の話をしているうちに、「あ、また食べたくなってきた」となることがあるように、これはたぶん、活性化されたイメージによって意欲や行動が引っ張られているのだと思います。イメージの力は強力、ということです。

解決像を描けない生徒

解決像(ゴール)を描けない生徒は、大きく分けて、3種類いると思います。

第一に、自分を客観視するのが苦手な生徒です。こうした生徒にこそ、ゆっくり自分のなりたい姿を考えさせることは、教育的であると思います。

また、自分に自信のない自尊感情や自己効力感の低い生徒は、自分の描いた解決像と現実状況とのギャップに落ち込んでしまいがちです。また、抱えている問題が、その生徒にとっては大きすぎて、解決した状況など想像できないという生徒もいます。
　こうした生徒には、〈解決した時には〉ということを強調してイメージさせるようにします。なお、私は学校現場では違和感があるのであまり使いませんが、こうした状況を切り抜けるための質問として、ミラクル・クエスチョンという質問もあります。
　それでも解決像を描けない生徒がいます。たとえばうつ傾向の強い生徒です。こうした生徒は相当に状況の悪い生徒で、私は専門家へのリファーを考えます。

ステップ3　モニタリング

現在位置の点数化
　ここまでで、一応ゴールが設定できました。そこで次の質問です。
　〈ゴールの状態を10点、逆にまったくダメな状態を1点としたら、現状は何点？〉
　ゴールに向かう過程のどの位置にいるかを確認するわけです。
　点数化は、生徒の状態についての教師側の誤解を最小限にし、現状や理想像などを共有する上で非常に有意義であると私は感じています。また、点数化という作業は、生徒に自己を対象化することを要求しているわけで、このような質問を繰り返すことが、生徒の自己観察能力を向上させるように感じます。

できていることの確認
　さて、現状を点数で言ってもらったら、次に、
　〈4点ね。じゃあ、その4点の中身は何かな？〉

と質問して、その点数の中身を確認します。つまり、できていることをはっきりさせるということです。

生徒は、「勉強はしていないけどやる気はある」「授業は寝ていない」「週に2回ぐらいは勉強している」「提出物はちゃんと出す」などと言います。

それに対してうなずきながら〈なるほど、なるほど〉と聴くとともに、〈それから？〉〈他には？〉〈ち〜さなことでいいよ〉などと言って、なるべくたくさんのことを生徒が思い出せるように手伝います。生徒の言葉は、あとでフィードバックの材料にするのでメモしておきます。

このモニタリングについては、面接時間が十分あれば初回面接でも時間をかけたいところですが、初回面接では、「ゴールの設定」と、このあと説明する「対処方法の検討」に時間がかかるので、この段階は比較的簡単にせざるを得ないと思います。

とは言え、『**今、できていることがある**』ことに気付くからこそ、**次の一歩もできそうな気になる**わけで、その意味でこのステップを軽視してはいけません。

なお、自己否定的な生徒の場合、自分の肯定的側面には簡単には目がいきません。その場合は、ちょっとした手助けが必要です。たとえば「人とうまく話せない」という生徒の場合、こんな会話をして援助します。

〈話せないって言うけど、誰ともしゃべらないの？〉
「いや、石井さんと吉田さんとは普通に話す」
〈そうか、その2人とは普通に話せるんだ。挨拶とかもその2人だけ？〉
「向こうからしてくれれば、他の人ともできる」
〈そうか。そうすると話せる友達も何人かいるし、挨拶もされればできるわけだ〉

ステップ4　対処方法の検討

ステップ2でゴール＝最終目標を設定しました。しかし、ゴールは「遠い

目標」ですから、ゴールを明確にしただけでは、生徒たちはゴールと現実のギャップで自信を喪失し、意欲を失い、成果を上げられない危険性が高くなります。

　そこで、ゴールへ到達するための戦略の検討が必要になります。それをこのモデルでは、「対処方法の検討」と名付けました。

「プラス1点像」を明らかにする
　次の段階は、**現状よりほんの少しだけ状態が改善したときの生活全体の様子**を明らかにします。その「ほんの少しだけ改善した生活の全体像」がゴールへの一里塚になると同時に、当面の目標であり、対処方法そのものでもあるわけです。

　「ほんの少しだけ改善した状態」の描き方は、ゴールを描いたときと同じです。**可能な限り詳細に、まるで映像が見えるかのように描くこと、また、近未来の具体的で小さな観察可能な行動レベルのイメージにする**ことが大切です。

　具体的には、「現在位置の点数」に1点を足した状態を質問することで「ほんの少しだけ改善した状態」を明らかにします。

　たとえば、こんな質問をします。
　〈現状は4点だよね。これが5点になったときには、今とはどんなところが違っているかな？〉
　〈現状は3点だよね。じゃあ3点の生活と4点の生活とはどこが違うのかな？〉
　〈前とはすこーし違うかなと思いはじめるのは？〉
　〈たとえば、身近な人が君のことを見ていて、『アレ？　ちょっと今までと違う感じがする』って思うとしたら、君のどんな変化からだと思う？〉
　また、健康度の高い生徒を相手に10〜15分の短い面接をしなくてはならない場合には、多少強引な感じもしますが、
　〈1点あがったとき、成績はどうなっている？　友達とは？　進路への取

り組みは？　親との関係は？　部活動は？‥‥〉
といった質問を、私はよく使います。
　もちろん1点にこだわる必要はありません。特に、自信がない低得点の生徒やに高得点の生徒には、プラス0.5点で十分です。
　高得点の生徒の場合には、
　〈今の調子を維持していった時には、どんなふうに変わってくるかな？〉
といった現状維持の質問もいいと思います。いずれにせよ、間違ってもプラス2点などと欲張らないことです。
　生徒の返答は、「みんなと話している」「部活を頑張っている」「もっと勉強している」といった抽象的なものが多いのですが、このような返答を、〈前田さんと挨拶する〉〈苦しいときに声を出している〉〈週に3回30分ぐらい机に向かう〉といった具体的で目に見えるものに変える必要があります。
　いくつかでてきたら、また芋づる式に質問します。
　〈家で勉強か。それで？〉
　〈じゃあ、○○を始めたらどんな影響が起こるかな？〉
　ある程度芋づるを引っ張ったら、
　〈他には何かあるかな？〉
と次に話を広げて、生活領域全体における変化を明らかにしていきます。
　なお、この本の中では「ほんの少しだけ改善した状態」のことを、「プラス1点像」と呼ぶことにします。

イメージの確認と修正

「プラス1点像」がある程度描けたら、メモを見ながら読み上げます。ここもゴール設定の時と同じ流れです。たとえば、
　〈5点のときには、前田さんたちにおはようと挨拶するようになっていて、部活では苦しいときに大きな声を出すようにし、勉強もすごくつかれた日は無理だけど、30分ぐらい机に向かう日が週に3、4日でてきて、だから期末テストではちょっと成績が上がって、赤点にビクビクしなく

なって、お母さんはそれを見てちょっと機嫌がよくなるので、親子げんかが少し減って‥‥〉

といった感じです。読み上げたあと、

〈これでいい？　付け足したり、削ったりするところは？〉

といった具合に質問をして、イメージを修正します。

なお、いくら良いことを言っていても、『そうなりたい』という欲求が基盤になければ行動が起こりません。読み上げながら、**これが本当に欲求に基づいているかどうか、生徒の顔色を見る**ことは忘れないようにします。欲求に基づいていれば、いい顔をしています。

なぜ「プラス１点」の(小さな)変化でいいのか

目標が具体的で、近くて、小さければ、その目標に対する自己効力感は相対的に上昇します。理論編で説明しましたが、「自己効力感は個人の行動の最も重要な予測値」であり、**自己効力感が高いほど実際の行動は起こりやすい**わけですから、小さな変化を目標とするほうが、結果として行動の変化が起こりやすいはずです。

また、**小さくても確実な変化は、次の変化を引き起こす基盤となる**ということも見逃せません。これも「算数の実験」が教えてくれることです。

車の進路を変えるのにハンドルを90度切る必要はありません。10度、いや５度でも十分です。

関係性に着目するということ

「生活全体の様子」を聴く最も短時間ですむ簡単なやり方は、

〈10点のとき(あるいは、１点あがったとき)、成績はどうなっている？　友達とは？　進路への取り組みは？　親との関係は？　部活動は？‥‥〉

という具合に、各生活領域について次々に質問していく方法です。

これは、私が担任として健康な生徒を相手に、10～15分の短い面接をするときによく使う方法でもあります。ただ、ちょっと強引な感じもするの

第２章　実践編　45

で、もう少し時間的な余裕のあるときは、〈そうなったときには、どんな影響が起こるかな？〉というタイプの質問を使います。

　この質問を使う意図は、二つあります。一つは、この質問を使うと、より具体的で、鮮明で、広がりのある解決後のイメージを作りやすいということです。これはイメージを利用するこのモデルにとっては重要です。

　もう一つは、物事の相関関係に目を向けさせることによって、**生徒の状況観察能力を刺激する**ということです。〈君の問題が解決したことを、他の人は、君のどんなところから気付くと思う？〉といった質問も、こうした効果を持った質問だと思います。

具体化のちょっとしたコツ

　〈1点あがった時にはどうなってるかな？〉という質問には、観察可能な行動レベルの言葉での返答を期待しています。しかし、実際には、「元気になってるかも」といった感情レベルの返答や、「成績が上がっている」といった抽象度の高い返答、あるいは「ＴＶゲームをやらなくなる」という否定的な返答などが約7割を占めます。

　こうした時、みなさんならどうやって「観察可能な行動レベルの言葉」で表現してもらいますか？

　〈そういうことじゃなくて、どんなことをしているかを知りたいんだけど〉

と言うこともできなくはないですが、生徒のメンツをつぶす危険性があります。

　そこで私は、生徒の言葉を使ってそれを発展させるようにしています。たとえば、

　〈なるほど。元気になるんだ。じゃあ、**そうなった時にはどんなことをしているかな？**〉

　〈成績が上がったときには、時間の使い方なんかは今とどう違っているかな？〉

〈ＴＶゲームの代わりにどんなことをしてるかな？〉
といった具合です。

ステップ５　対処方法の選択

ブレイク── 対処方法の個人的検討
　ここまでの段階で、生徒の欲求に基づく「プラス１点像」が描け、生徒もそれを確認してＯＫがでています。
　ここでカウンセラーは、
〈ここまでの面接を振り返って、今後どうしたらいいかを考えたいので、ここで２～３分ブレイクを取ります。その間、○○君も面接を振り返って、次の面接までのことをちょっと考えておいて。ブレイクのあとでどんなことを考えたか聞くからね〉
と言ってブレイクを取ります。
　このブレイクは、面接過程を振り返りながら、生徒が１人になって自分自身と状況を冷静に見つめ、今後のことを考える時間です。この間、カウンセラーは、席を立って別の場所に移動し生徒の視界から消えるようにします。

ブレイク中にカウンセラーがやること
　カウンセラーは、これから説明する、①肯定的評価の材料探し、②次回の面接までの提案の作成、③提案理由の作成の三つをブレイクの間に行います。そしてこれら三つを、ブレイクの間に３分程度で伝えられるメッセージにまとめておきます。

①肯定的評価の材料探し
　その生徒に関する肯定的事実をできるだけたくさん探します。メモを参考にしながら、最低でも５～６個は欲しいところです。特に、**その生徒な**

りの労苦や汗、涙に格別の注意を払うとともに、「現在できていること」はもらさないようにします。こうしたところをキャッチしてくれるカウンセラーだからこそ『一緒にやっていこう』と生徒は思うからです。

解決志向アプローチでは、このプロセスをコンプリメントとか賞賛と言いますが、私は「肯定的事実の確認」という言葉のほうが実態を反映しているように思うので、この言葉を使うようにしています。

②提案の作成

次に、次回の面接に向けての「提案」を考えます。提案で重要なのは、生徒が「確実にできること」を提案することです。簡単な課題でも達成できれば自己効力感は上昇し、その後の大きな変化につながるからです。

提案内容は生徒の動機の強弱によって変わります。

まず、動機付けが高い生徒には、「プラス1点像」の中から簡単そうなものを一つ二つ選び、それをさらに簡単にして実行することと、その観察を提案します。たとえばプラス1点で「毎日30分勉強」という生徒には、

〈今週都合のいい日を2日選んで15分勉強してみて、どんな感じかを次回報告して〉

と言います。

動機付けや自己効力感が低い生徒には、うまくいっていることの観察と、今、その生徒がやれているレベルのことを提案します。高い次元の課題を出しても達成できなければ自己効力感は低下し、全体としてはマイナスになるからです。実際にはこんな感じです。

〈今日の話でだいぶ分かってきたんだけど、次回までに一つお願いがあるんだ。それはね、たぶん、次回までの間に何度かうまくいくことがあると思うんだ。それが分かると、これから進めやすくなるんだ。だから、うまく行き始めたら是非よく観察して憶えておいてほしいんだ。あと、今、○○と☆☆をやっているって言ってたよね。次回までそれを続けてみて様子を報告してほしいんだけど、お願いできるかな？〉

最後に、イヤイヤ面接に来た生徒には提案をしません。多くの場合、初

回面接の過程で面接への姿勢は好意的に変化しますが、それでもいきなり課題を出されては、せっかく好転した気持ちに水を差すことになります。ここは欲張らずにいい気分で帰ってもらったほうが次につながります。提案はその気になった2回目以降で十分です。

③「提案の理由」の作成

提案は、比較的実行が容易な「プラス1点像」をもとに作成していますから、単純に提案をするだけでもうまくいくことが多くありました。ただ、動機付けがやや低い生徒の場合は、『なるほど、この提案は比較的簡単そうだし、やる意味がありそうだ』と思ってもらうために提案理由の説明があったほうがいいようです。

提案の理由は、心理学的な根拠などはいりません。要するに、

〈○○だから、☆☆をやってみて〉

というわけですから、○○のところに、『なるほど』とか『よし、やってみるか』と思えるような言葉を入れればいいことになります。

以前、プラス1点像を描きながら2人で大いに盛り上がったケースがありました。その時はこちらもワクワクしながら、

〈やってみたらどうなるかすっごく興味があるから、次回どうなったかぜひ教えて〉

と言ったことがあります。これも「提案の理由」です。

なお、ちょっとした言い回しですが、

〈試しに今週2回だけ○○してみて。それで相手がどう反応するかを観察してみて〉

といった提案をします。2回としているのは、ハードルを低くするためです。また「試しに」という言葉や「観察」という言葉を入れると、生徒たちは実験をやっているような感じになって、気が楽になるようです。

面接のまとめ

①生徒の面接の感想と今後の計画を聞く

ブレイクのあと、カウンセラーは席に戻り、

〈ブレイクの間にどんなことを考えた？〉

と質問し、生徒の話を聞きます。私の経験では、面接がうまくいっているほど、生徒は、

「○○をやってみようと思います」

と自分の行動目標を語ることが多くあります。ただ、『変わらねばならない』という思いから行動目標を語ることも多く、その場合には大きな課題を自分に課す傾向が強くなります。そのような生徒には、なるべく楽な気持ちで取り組めるように、行動目標を小さくしたり、「やるべき」から「やってみよう」に気持ちを切り替えられるように言葉をかけます。

②面接目標の確認

生徒の話を聞いたあとで、

〈今日のまとめをするね。まず面接の最終目標だけど‥‥でいいかな？〉

とメモを参考にゴールの確認をします。これは、この面接の目的が生徒自身の目標達成のための取り組みであることを再認識させるとともに、２人の協働関係を強めることを意図しています。

③メッセージの伝達

最後に、ブレイクの間にまとめた「肯定的事実・提案・提案の理由」を伝えます。**メッセージは行動化への動機付けのために**あるといっても過言ではありません。『やってみようかな』と思わせることができれば成功です。

肯定的事実のフィードバックについては、後述してあるのでそれを参考にしてください。くどくならないように手短に、でもちゃんと伝えます。

提案については、ブレイク中に生徒が自分で行動目標を設定していた場合は、提案をあっさり引っ込め、生徒が考えた行動目標を尊重して使うよ

うにします。その際には、失敗を予防するためにその目標をさらに細分化することと、自分から主体的に動こうとする意欲やアイデアなどを賞賛することを忘れないようにします。

このステップは、せいぜい3分程度のみじかい時間です。簡潔に、印象的に話すようにします。なお、メッセージカードにして手渡すという方法も、ちょっと時間はかかりますが、印象的で良い方法のように思います。

④面接契約を結ぶ

初回面接もそろそろ終わりです。ここからは、大きく三つのパターンに分けられます。

まず、生徒にこれ以上やる気がない場合は、またの機会にうまくいくように、自分で問題に取り組もうという意欲や自信などを賞賛し、いつでも来室してよいことも伝えて、**いい関係で面接が終わる**ようにします。

二つめは、自己効力感の高い生徒によくあるパターンで、生徒が一回の面接で十分な気付きや問題の解決が得られたと考えているケースです。この場合、継続面接を提案してもよいですし、話し合って1回で十分という判断を共有できれば、

〈その後の様子を聞きたいので、2～3週間後にもう一度面接をしよう〉と**フォロー面接**の約束をして終わりにします。

ただ、私の経験からは、変化を定着させるにはやはり4～5回の面接をやったほうがよいように思います。そこで、基本的には継続面接を提案することになるのですが、私は、たとえばこんなふうに言っています。

〈今日話して、○○君は人間関係を何とかしたいって言うことだったよね。(はい)それで、今こうやって面接にも来てその解決に取り組もうとしているわけだよね。(はい)で、実際、今日いろいろ話を聞いてみて、文化祭ごろまでには何とかしたいと思っているんだよね。(はい)そこで、僕からの提案なんだけど、何回か話をすることができればそのお手伝いができるんじゃないかなって思うんだけど、○○君はこれから何回かこうやって面接をすることは、どうかな？〉

といった具合に切り出し、面接について契約を結びます。ついでに言っておくと、ここでは生徒が、「はい」「はい」「はい」とうなずくような流れを作っておくと、提案は受け入れられやすいです。これを「イエスセット」と呼んでいます。

さて、面接がうまく流れていれば、生徒も継続に合意しますので、かなりの割合で継続面接になります。そうなった場合は２人で最終回をいつにするかを相談して、その間に何回の面接を入れるかを話し合います。面接の頻度は、２回目〜３回目は１週間程度のインターバルで、それ以降は徐々に長くして、10日から２週間程度のインターバルにします。このモデルでは一応５回が基本ですが、**重要なのは回数ではなく、この時点で最終回と回数を契約すること**にあります。

以上で初回面接は終わりです。最後はいい感じで別れができるように気をつかいます。また出ていくときの様子も観察しておくといいと思います。

なお、〈いつ来てもいいよ〉は、「**お近くにご用の際は是非お立ち寄りください**」という引越しの挨拶と同じで、来るなと言うのと同じです。ちゃんと**日時を決めましょう**。

いくつかの注意点や参考になること

①ブレイクの意義

この面接の目標は、面接終了時には「問題解決の公式」を自分の問題に自分で適用できるようになっていることです。そのためには**問題に飲み込まれることなく、自分と自分を取りまく状況を見つめ、状況を判断し、対処方法を選択する**力を身につけている必要があります。

ブレイクは短い時間ではありますが、まさにこのための時間です。また、カウンセラーにとっても、冷静に状況を判断したり面接をしっかりとまとめる上で役に立ちます。カウンセラーのメッセージを印象強くする効果もあるようです。

②肯定的事実のフィードバックとものの見方

　たとえば「英語が苦手で、勉強はやろうと思うんだけどなかなか手が着かなくて、ちょっとしかやっていない生徒」が面接に来ると、多くの教師は、『勉強が手に着かない原因』を探して、それを除去しようとします。

　しかし、このモデルでは、①英語が苦手だと分かっていること、②苦手科目に取り組もうとする向上心、③多少なりとも取り組んでいる事実、④克服するために相談にきた行動力、⑤解決の方策を探すという判断力‥‥などの「肯定的な事実」をフィードバックます。

　こうした自分の肯定的な面を指摘されれば、たいがいの生徒はいい気分になりますし、生徒の自己認知は「ちょっとしかやっていないダメな自分」から「むずかしい現実の中で多少なりとも取り組んできたし、今も新たな打開策を見つけようと工夫している自分」という自己認知に、少しですが変わっていくことになります。つまり、**肯定的事実のフィードバックは、「ものの見方」を変化させる**ことになるのです。そして、それは自尊感情や自己効力感にプラスに作用し、次の変化につながるわけです。

③肯定的事実は能力や資質に帰属させる

　教師はよく、〈友達を一生懸命つくろうとしている〉〈困難な状況の中でよく努力している〉とほめます。

　これも悪くはないのですが、同じ事実を、〈友達をつくる資質がある〉〈困難な状況にも負けないたくましさを感じました〉と返すこともできます。皆さんが生徒だったらどっちがやる気になりますか？

　自尊感情や自己効力感の低い生徒は、何かに失敗したりすると、『私の能力不足のせいだ』などと落ち込み、逆に、成功は『タマタマだ』と言って運や努力などに帰属させる傾向があります。つまり、「失敗は自分のせい、成功は偶然」ということです。しかし、これではなかなかしんどいものがあります。

　ですから、これを逆手に取ればいいのです。つまり「**失敗は能力や資質ではなく努力不足や運に帰属させ、成功は努力や運ではなく、それを可能に**

第2章　実践編　53

した能力や資質に帰属させるように意識しながらかかわるわけです。

④なぜ提案をするのか

このモデルでは、行動療法や論理療法と同じように「提案」をします。ただ、他のモデルでは課題自体が重要ですが、このモデルでは提案内容自体はあまり重要ではなく、提案によって行動（変化）の重要性を暗示することに目的があります。また別の角度から見れば、簡単にできる提案をすることで実行を促し、自己効力感を向上させようという仕掛けでもあります。

なお、「宿題や課題」ではなく、「提案」としているのは、宿題にするとやれなかったときにそれを気にして面接に来づらくなる生徒も出てくるからです。

3　面接中期＝変化の拡大ステージ

ここからは、「変化の拡大ステージ」の話に入ります。面接としては第2～3回面接にあたります。初回面接とかなりの部分が重なりますので、その部分の説明は省略しながら話を進めたいと思います。最初はちょっと理論的な話になりますが、辛抱してください。

⑴　面接中期の特徴

データに見る生徒の変化

以前、高2のあるクラスを無作為に二つのグループに分け、その一つのグループ16人（面接群）にこのモデルを使った面接を約2か月に5回行い、自尊感情や自己効力感がどのように変化するかを調べました。

次頁のグラフはその時のデータです。比較のために、面接群と対照群（面接をしなかった残りの生徒17名）の二つのグラフを載せています。

データは、まず面接をはじめる約1週間前にクラス全員を対象にテスト

（T1）を行い。また、面接が終わって約1週間後にふたたびクラス全員を対象にテスト（T6）を行いました。対照群はこの2回しかデータを取っていませんので、途中の変化は分かりません。面接群はこのT1とT6以外に、第2回〜第5回の面接の直前に同じテスト（T2〜T5）を実施しています。

　ちょっと分かりづらいですが、T2は第2回面接直前の状態ですから、初回面接後の状態が反映していることになります。同様にT3は第3回面接直前の状態で、第2回面接後の状態が反映しています。

　結果は見てのとおりです。自尊感情は初回面接後に大きく変化し、その後、下降しません。自己効力感は、それに比べると上下しながら緩やかに上昇します。

第2回面接(#2)の特徴

　実際の第2回面接では、個

第2回　面接(#2)の特徴

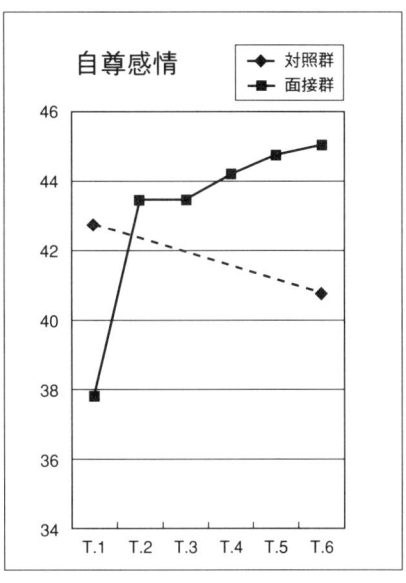

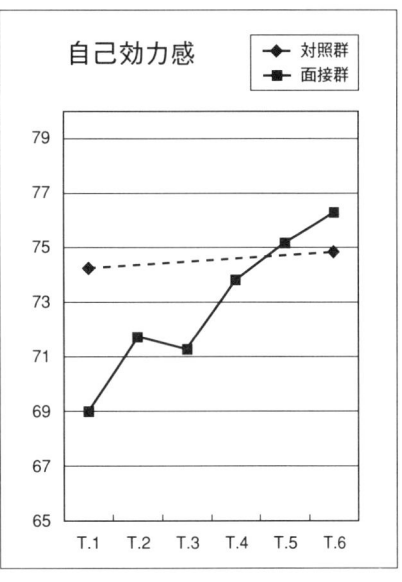

自尊感情

自己効力感

人差はありますが、かなりの生徒が肯定的な変化があったと報告しますし、生徒の表情も明るく、楽しい雰囲気で進んでいきます。

これは数値にも表れていて、グラフを見るとわかるように、第2回面接にはいる時点で自尊感情は急激に改善しています。一方、自己効力感は微増していますが、統計的には偶然の範囲で、はっきりとした（有意な）変化が生じたのは5回の面接がすべて終わってからでした。

その理由ですが、おそらくT2の時点ではカウンセラーに受け入れられた体験と明るい将来展望を描いた喜びから舞い上がった状態にあり、それが自尊感情の改善に反映しているのではないかと思います。その一方で、自己効力感が微増にとどまっているのは、現実生活の改善は容易ではないことを反映しているものと思われます。

第3回面接（#3）の特徴

ところが、第3回面接ではその逆になります。〈何かいい変化があった？〉と聞いても、「今週はダメだった」とか「悪くなった」といった返事が多くなり、生徒も前回とは違って何となく浮かない表情になります。『やっぱり俺はダメです』ということです。やれていることよりやれていないことに目が向くわけです。

検査の得点も、自尊感情こそほぼ横ばいですが、自己効力感の数値は状態の悪化を示唆しています。

その理由ですが、面接から2～3週間が過ぎて初回面接後に舞い上がった感情もかなり冷めてきていることと、『現実はそう簡単に変わらない』ことに気付きだしたことが、数値に反映しているのではないかと思います。

しかし、ここが中期の勝負どころです。『やっぱりダメか』『やっぱり初回でうまくいったのはタマタマだったのかな』という気持ちで接したら、生徒の『やっぱり俺はダメ人間』という自己認知を肯定してしまうことになるからです。

そういう思いがチラッと心をかすめても、そんな素振りは一切見せず、

マイナスの報告はフムフムと聴きながらサラッと流して、肯定的変化を探索します。**生徒は良くなる力があるという楽観的な構えをどんな状況でも維持し続ける**ことがポイントになります。

⑵　面接中期の目標＝変化の拡大

このように、かなり対照的な面のある第2回面接と第3回面接ですが、私は一つにまとめられると考えています。というのも、この面接中期で重要なポイントは、**ネガティブな方向に向かいがちな生徒たちの発言や生活の中からポジティブなものを見つけだし、それをきっちりと確認することで変化を拡大する**ことだからです。

そこで、この第2～3回目の面接を「変化の拡大ステージ」と名付けることにしました。小さな変化を拡大するための段階ということです。

以上の話で中期の特徴はつかんでいただけたと思うので、実際の面接に話を進めます。

⑶　中期面接

初回面接とは強調点こそ違いますが、中期も問題解決の公式 ──**①安心感安全感の獲得、②ゴールの設定と確認、③モニタリング、④対処方法の検討（プラス1点像の作成）、⑤対処方法の選択**── という枠組みは基本的には変えないようにしています。このパターンを5回繰り返すことで、問題解決の方法を体験的に学んでもらおうという意図もあるからです。また、なるべくシンプルな構造のほうがやりやすいのでこうしています。

ステップ1　安心感安全感の獲得 ── 歓迎

初回面接で約束した日時に生徒が来ます。実際には「忘れるかもしれない

から、当日の朝、担任を通じて呼びだしてほしい」という生徒や、「絶対忘れないから大丈夫」という生徒までいろいろですが、それは生徒の希望にあわせています。

　生徒が来室したらカウンセラーは、初回面接と同様に自分の呼吸、表情、姿勢、態度、声のテンポ、トーンなどに細心の注意を払い、**非言語的な表現を意識的に用いて柔らかく歓迎の意を伝えながら**、ちょっとした雑談などをして生徒の気持ちが落ち着くのを待ちます。

　また、同時に生徒の非言語的な表現、たとえば表情や声のトーン、体の動き、部屋への入り方やこちらの言葉への反応などを観察します。非言語**は言語以上に多くのことを表現しているので観察は大事**です。

ステップ2　ゴールの設定と確認

　次はゴールの設定ですが、初回面接で設定済みですので、ここでは設定されたゴールの確認ということになります。
　一段落したところで前回のメモをもとに、
〈じゃあ面接にはいるけど、前回、この面接の目標を‥‥‥‥ということにしたと思うんだけど、それでいいかな？〉
と面接の最終目標を、様子を見ながら確認します。
　納得しているときは、生徒はうなずきながら聞いています。『ちょっと引っかかるものがあるみたいだぞ』と感じたら、
〈他に何か付け加えたり、あとからやっぱり変えたいと思ったりしたことはある？〉
とゴールを修正するチャンスを与えます。
　ゴールを付け加えたり修正するのは、単純に何かを思いついた場合と、前回の面接で言えなかった場合とがあります。特に初回面接のところでも言いましたが、対人関係の問題を抱えている生徒の場合には、こうした傾向が強くなりますので、こういう生徒には、とにかく関係をつくっていく

ことに腐心しながら、折を見て、相手が本音を語れる機会を提供していくわけです。この場面はそういう機会の一つです。

　この「**ゴールの確認**」**は、面接を協働作業の場としてもう一度確認する意味があります。**

　目標を「修正したい」あるいは「追加したい」と言ってきた場合には、それに応じるとともに、「よく考えていること」「自分を変えようとしている意欲」として肯定的評価の材料にします。

　なお、「ゴールの確認」は、第2回面接ではちょっと時間をかけて、第3回面接では簡単でよいと思います。

ステップ3　モニタリング

　初回面接では「安心感安全感の獲得」と「目標設定」に力点をおきましたが、**変化の拡大ステージでもっとも大切なのはモニタリング**です。
　このモニタリングは次の三つの下位過程から構成されています。
　①変化と成功の確認
　②変化の全体像の明確化
　③セルフコントロールの方法の明確化
　自尊感情や自己効力感の低い生徒は、自分のネガティブな面に目が向きがちなので肯定的な面を見つけたり、良い変化を持続するのが苦手です。こうした生徒に対しては、特にていねいにやるようにします。「**良い変化を引き起こすための自分なりのやり方**」に気付けば、成功は再び可能となりますし、自信も生まれるでしょう。
　ではモニタリングの各段階をみていきましょう。

①変化と成功の確認
　まずは肯定的な変化と成功の探索です。こんなふうに質問します。
〈前回の面接が終わってから、『これはいい変化かな』と思えたのはどんな

こと？〉
　〈前回から今日までのあいだで、どんないい変化がありましたか？〉
　この質問に対して、初回面接がまあまあうまくいった生徒の多くは何らかの報告を始めますが、なかなかでてこない生徒もいます。その場合は、質問をちょっと工夫して、
　〈どんな小～さなことでもいいんだけど〉（ジェスチャー付きで）
　〈月曜日はどうだった？　火曜日は？〉
　〈家では？　学校では？　塾では？〉
　〈他の日よりも多少は良かった日は？〉
と振ってみてもいいかもしれません。「小さい」ということを強調したり、考える単位を小さく区切ることで考えやすくしたりするということです。
　たとえば、「月曜日はまあまあだった」という返事が返ってくればしめたもので、
　〈それはどんなところが良かったんだろう？〉
と突っ込んでいきます。また、私がよく使う方法で、
　〈前回は3点って言ってたけど、今日は何点？〉
と聞くと、前回の面接がうまくいっている場合は、1点か2点上がった点数を報告することが多くあります。その場合には、
　〈じゃあアップした2点分は何？〉
と突っ込んでいきます。
　こうした聞き方をして、ちょっと我慢して待っていると、多くの生徒は「そういえば‥‥」とか「大したことはないけど‥‥」と報告し始めます。
　ひとつの「変化と成功」が報告されるたびに①～③をやってもいいですし、すべての変化と成功を洗い出してからでもかまいませんが、一つずつやっていくと、話の過程で新たな変化や成功に気づくことが多いようです。
　なお、報告された変化はしっかりメモを取りましょう。
　②変化の全体像の明確化
　肯定的な変化や成功が発見されたら、次に、その変化や成功の輪郭を明

らかにし、本人に自覚してもらうことに取り組みます。

〈もう少し詳しく話してくれる？〉

〈いつ？〉

〈どこで？〉

〈誰といたときに？〉

〈どんなふうにやったの？〉

〈それは他のことに何か影響を与えたと思うんだけど、どんな影響かな？〉

といった具合に、質問します。聞いたあとで同じことを自分が再現できるように、あるいは映像が浮かぶように、「実況中継」をしてもらうつもりで**聴く**といいようです。

特に最後の二つの質問は大切です。

③セルフコントロールの方法の明確化

変化の全体像がおおよそ把握できたら、どうやってその変化を引き起こし、どうやってそれを維持しているのか、つまり**変化を引き起こしたその生徒なりの方略**(スキル)を、別の言い方をすれば、**変化と成功を可能にしたセルフコントロールの方法**を明らかにしていきます。料理にたとえれば、調理の「コツ」を聴き出そうということです。

具体的な質問としては、状況に応じて次のような質問を使います。

〈どうやってやったの？〉

〈うまくやったねえ。コツは何？〉

〈どうやってそのアイデアを思いついたの？〉

〈どうやって選んだ(理解した・決心した)の？〉

お気づきのことと思いますが、これらの質問の裏には、『その変化を引き起こしたのは実は君だよ』というメッセージが潜んでいます。このような質問を次々にすることは、『君が変化の主人公だ』というメッセージをシャワーのように浴びせていることになるわけです。このアプローチがきわめて人間肯定的だというのが、こんなところからも分かると思います。

どうしても変化が発見できない生徒がでた場合は、生徒の自己効力感を守るために、変化が生じなかった原因は、初回面接で十分な面接ができなかったことにして、初回面接の適切なステップに戻ります。

④現在位置の点数化

モニタリングの最後は、現在位置の点数化です。

〈前回0点って言ってたけど、今日は何点ぐらい？〉

と聞いてみます。話の流れによっては、学校生活、家庭生活、勉強、進路への取り組みなどのように、領域を区切って聞いたほうがいい場合もあると思います。その場合は、そのようにします。

「変化の継続」も良い変化

第3回以降では、良い変化が継続しているのに、『新たな変化ではないから変化ではない』と思って報告しない生徒もいます。そんな時は、たとえば、初回が3点、第2回が5点、第3回が4点なら、1点落ちたと考えるのではなく、初回より1点分の上昇が維持されていると考えるわけです。それは「**継続**」という立派な変化だからです。

「1点悪くなった」という報告を受けると、つい『やっぱりなかなかうまくいかないなぁ』などと考えるようになりがちですが、これがまずい。**生徒のネガティブなものの見方に巻き込まれてはいけない**ということです。カウンセラーが視点をポジティブにしておくことが必要です。

また、落ちていくのを4点で止めたという見方もできます。その場合は、

〈どうやって点数の低下を止めたの？〉

と、悪化を止めた生徒なりの能力や方法に焦点を当てることもできます。

なお、いい変化が継続していることが確認できたら、③のように突っ込んでいきます。

連鎖関係に着目すること

モニタリングの過程で重要なのは、連鎖関係を具体的に明らかにするこ

とです。

〈それは他のことにどんな影響を与えた？〉
という質問は、連鎖関係を明らかにするための質問の一例です。

もっともこれはなかなか答えにくい質問なので、たとえば、「ちょっと勉強した」という変化を報告した生徒に対しては、

〈そう。それはすごいね。お母さんはどうだった？　何か言ってた？〉
という具合に聴いたりします。

連鎖関係を問う質問を続けていくうちに、生徒は、肯定的変化が次の肯定的変化を生むことに徐々に気づくようになっていきます。そして、「肯定的変化の連鎖」の引き金を引くのは自分自身であることにも徐々に気づいていきます。それは生徒の「ものの見方」が徐々に肯定的に変化していくことを意味しています。

ステップ４　対処方法の検討＝目標の細分化

対処方法の検討は、初回面接とまったく同じです。モニタリングの最後で、

〈現状は何点？〉
と質問していますので、それを受けて、

〈じゃあ、これが〇点の時には今とはどんなところが違っているかな？〉
と質問し、**現状よりほんの少しだけ状態が改善したときの生活全体の様子（プラス１点像）**を明らかにするステップです。

面接が進むにつれて、生徒もこうしたやり方に慣れてきているので、比較的短時間で進めることができるようになります。

さて、このステップの留意点は初回面接と同じように、関係性に着目すること、具体化することなどですが、**生徒を引っ張らない**ことが重要です。

教師はどうしても「よりよい生活」を要求したくなります。心の中で、『ちょっと変化が小さいなあ』とか、『もうひと踏ん張りしてほしいなぁ』と

思っていたりすると、つい、〈あと2点上がったらどうなる？〉などと欲張りになってしまいます。

しかし、それはまず間違いなく逆効果です。**高過ぎる目標は自己効力感を弱めます**。そして、低く弱い自己効力感には、問題の遂行能力はないのです。

オプション1——「チェックポイント」の提示

学校カウンセリングの場合は、面接のテーマが、情緒的問題というよりは情報の把握や現実的対処が重要なケースが多くあります。たとえば、進路や学習の問題はその典型です。こうした**面接のテーマが情報の把握や現実的対処が重要な進路や学習などの場合、「チェックポイントの提示」という方法をとる場合があります**。

①「チェックポイント」の提示とは

たとえば、進路面接などの場合、教師は、ほとんど無意識のうちに『親とは意見が合っているかな？』『自分の適性は理解しているかな？』『先のことを考えているかな』といった具合に、いくつかのチェックポイントを設けて話を聞いています。

たとえば、大学に進学したいという生徒の場合には、入りたい大学の理解度、学力の程度、学習計画、親子の意見の調整具合、大学卒業後の人生設計などは最低でもチェックしたいところでしょう。就職希望者の場合は、出欠席の記録、評定平均、職業理解、人生設計などが気になります。

そこで教師は、このような点について生徒の考えや理解の程度をほとんど無意識のうちに確認して、弱点があるかを判断し、アドバイスをするわけです。

これでことが済む生徒もたくさんいます。しかし、問題がないわけでもありません。

それは、解決策を考えているのが教師であり生徒ではない、という点です。教師が生徒の頭の代わりをしているわけです。これでは生徒の現実検

討能力はなかなか育っていきません。

　そこでこのモデルでは、教師が考えるのではなく、**教師が問題を考える際に無意識に使っている「チェックポイント」を面接の中で生徒に提示して、生徒に考える枠組みを提供し、生徒自身に考えさせる**という方法をとります。具体的に見てみましょう。

　㉒「チェックポイントの提示」の実際

　ここでは、進路相談で私が実際によく使う言い回しを例に挙げておきます。

　〈幼稚園の先生になるには、ピアノができること、評定平均が3.7以上ないと推薦の対象にならないから学習成績を上げること、遅刻欠席が少ないこと、人間を相手にする仕事だからいろんな意味で人間性を磨くことが必要だと思うんだけど、この四つの領域で、今の自分の状態を10段階で評価すると何点かな？〉

　〈就職先や進学先を決めるには、三つのポイントがあるんだ。一つは自分の能力や適性、興味の方向とかをよく理解しているかどうか、つまり自己理解ということ。二つ目は、進路先とかについての情報をどれだけつかんでいるか、つまり進路理解ということ。それから頭の中だけじゃなくていろいろ自分でやってみて体験的に分かっているかということ。これは啓発的体験って言うんだけど、この自己理解と進路情報と啓発的体験の三つの領域での自分の状態を、10段階で評価すると何点になるかな？〉

　こうした質問をした後で、

　〈じゃあ、どの領域から取り組んだらいいだろうね〉

といった具合に生徒自身に判断させ、それに続けて

　〈その領域で1点上がったときには、今とはどんなところが違っているかな？〉

と続けていきます。

オプション2 ── 必要なサポートの自己判断

中期にはもう一つオプションがあります。それはサポートを取り込むという視点です。

①サポートの自己判断とは

一般的に、カウンセリングでは「気持ちを聴く」という**情緒的サポート**を行います。

しかし、学校カウンセリングの場合には、情緒的サポートだけでは不十分になる場合が多いというのが私の実感です。たとえば、進路カウンセリングでは**情報的サポート**のもつ意味が非常に大きいですし、低学力で自力ではその状態から脱することが困難な生徒には、学習の手伝いをするなどの具体的で実際的なサポート（**道具的サポート**）をどう取り込むかという視点がなければ空回りしてしまいます。教師の専門性に基づく肯定的な評価（**評価サポート**）は、生徒の力を引き出すきわめて有効な呼び水です。

つまり学校カウンセリングの場合には、情緒的サポートを中核としながらも、それに偏らず、道具的サポートや情報的サポート、あるいは評価的サポートなどをうまく織り込んで生徒を援助するという視点が必要だということです。

とはいえ、〈‥‥した方がいいよ〉とか〈君は英語が苦手だから、吉田先生に教えてもらったらいいよ〉とこちらから情報的サポートや道具的サポートを提供したのでは、先に述べた「解決策の提示」そのもので、カウンセリングとは言えません。

そこで、『前に進むには、誰から、どんなサポートがあったら助けになるか、ちょっと考えてみよう』と勧め、生徒が考える過程につきあいます。**生徒が自らに必要なサポートを「判断・選択・獲得・活用」する過程をカウンセリングの中で支援する**わけです。

②サポートの取り込み方の実際

サポートを取り込むとは、

〈1点上がったときには、どんなサポートを、誰から受けてるかな？　あ

るいはどんなものを利用しているかな？　その時君は何をしているかな？〉
という内容のことを、生徒の話題にあわせてアドリブで聞くということです。そして、生徒の返答をもとにそれを具体的イメージにしていきます。

たとえば、

〈成績を上げるには、自分1人でやるっていう方法以外にも、先生に放課後教えてもらうとか、塾に行くとか、いろんな方法があると思うんだけど、君の成績が上がったときには、君はどんなサポートを使っていると思う？〉

〈あと1点上がったときには、こういうものを利用してるんじゃないかとか、この人のところに相談に行ってるんじゃないかとか、そういうことは何かあるかな？〉

といった具合です。もし、生徒が

「授業が終わった後に、先生とか友達とかに、分からなかったところを聞くようになるかもしれない」

と答えたら、

〈そうか。じゃあ、先生とか友達に聞くようになったら、どんなことでもいいんだけれど、『ひょっとしたら、こんなところがちょっとだけど、変わるかもしれないなぁ』って思うことはあるかな？〉

と続けます。つまり、取り込んだサポートがどのような影響を与えるかについてのイメージを広げるということです。それは動機付けを高めることにもつながります。この辺は「プラス1点像」を描くやり方と同じです。

ステップ5　対処方法の選択

基本的な流れ

ここからは、ほとんど初回面接と同じです。

まず、

〈ここで2～3分ブレイクを取るから、その間、○○君も面接を振り返って、次の面接までのことをちょっと考えておいて〉

と言ってカウンセラーは、別の場所に移動し、生徒の視界から消えるようにします。生徒が個人的に対処方法を再検討し、選択する時間を提供するということです。

ブレイク中にカウンセラーがやることも、初回面接と同じで、①肯定的評価の材料探し、②次回の面接までの提案の作成、③提案理由の作成の三つです。

ブレイクのあと、カウンセラーは席に戻って、

〈ブレイクの間にどんなことを考えた？〉

と質問し、生徒の言葉を聴き、そのあとでブレイクの最中にまとめたことを伝えます。

ブレイク中に生徒が自分で行動目標を設定していた場合は、カウンセラーは自分が考えた提案内容を引っ込めること、失敗を予防するために生徒の目標をさらに細分化すること、前向きな姿勢などを賞賛することなども初回面接と同じです。

最後は次回の面接の日時を約束し、さよならをします。生徒が部屋を出るまで、いい感じで別れができるように気をつかいます。

初回面接との違い

初回面接との違いですが、ステップ5での面接のゴールの確認は、中期以降は行いません。面接の最初で確認できているので、必要がないということです。

そのほかの大きな違いは、提案の仕方です。

提案はそもそも自己効力感を向上させるための仕掛けですから、達成できないような提案はマイナスです。そのためには、小さな変化がすでにあるならば、新たな変化をあまり求めず、できたことを認める方向で提案をするようにします。つまり、**肯定的変化のあった生徒に対する提案は、**

〈この調子でOK〉
というのを基本として、あとは付け足し程度のものと考えた方がいいということです。『今やれていることをやればいいんだ』と思うことは、生徒の自尊感情と自己効力感を守り、結果としてプラスαの行動を引き起こすことが多いというのが私の実感です。

もちろん面接が進むにしたがって肯定的な変化が拡大するに越したことはありませんが、『改善し続けるべき』という構えをカウンセラーがもっていると、それは知らず知らずのうちに生徒に伝わり、生徒の自尊感情や自己効力感にマイナスの影響を与えます。

4　面接後期＝再統合ステージ

(1)　面接後期の特徴

第4回面接(#4)の特徴 ── 分離不安の表明

このモデルでは、初回の時点で5回で終結することを約束しています。それは、多かれ少なかれカウンセラーに心理的に依存した状態にある生徒**を、その依存から自立せざるを得ない状況に直面させることで、心理的な自立を体験させ、心理的成長を促進しよう**という意図があるわけです。

実際には、第3回までは特に終結を意識していなかった生徒たちも、第四回ともなると、『面接も今日が終わればあと1回か。そろそろ問題解決の仕上げをしなくちゃ』という思いが心のどこかで働きだし、『何とかやれそうな感じも出てきたし、そろそろカウンセラーに頼るのは卒業して、今度は自分でやっていこう』という思いになるようです。

このような生徒の心情の変化は、**行動面での変化の加速**という形で現れることが多いように感じます。私たちも、何かの締め切りが近づいてくると、それまでのんびりしていても徐々にプレッシャーが掛かってきて、何とか締め切りまでに仕上げるということがありますが、このモデルでも同

様のことが起こります。ここが**時間制限**カウンセリングならではの変化です。

しかし、『カウンセラーなしではやっていけないかも。どうしよう』という不安を抱く生徒も当然います。

この不安は分離不安といいますが、第4回ではこの分離不安が表明される場合が少なくありません。特に精神的な自立が十分でない生徒や、まだ問題に巻き込まれたままの生徒の場合、その傾向が強くなります。

その不安は「面接が終わるのが不安なんです」とか「1人だとできない気がする」「あと2、3回面接をやれないかな」といった直接的な言語表現をとる場合もあれば、問題の悪化を**匂わせたりする**場合もあります。

第5回面接(#5)の特徴

第5回面接では、不思議なことに前回の面接で表明された不安を表明する生徒はかなり少なくなり、ほとんどの生徒はカウンセラーとの心理的分離の準備を済ませて面接に現れます。

また、それまでほとんど変化が見られず、『この生徒の面接は失敗だったかな。ひょっとしたらあと数回延長しないとダメかな』などと思っていた生徒が、ずいぶんと晴れ晴れとした表情で現れ、いくつもの変化を報告することも少なくありません。これも時間制限の効果と言えるでしょう。

⑵ 面接後期の目標＝変化の定着

以上のことから、面接後期の目標は、生徒の不安を受けとめながらも、『何とか1人でやっていけるかな』という思いを育てること、そして、カウンセリングの過程で起きた変化を定着することになります。

したがって面接後期は、**これまでの自分と変化しつつある自分を再統合し、新たな自己として歩み始めるプロセス**です。そこで、面接の後期を「再

表2　各回における来談者の特徴と介入のポイント

	特　　徴	特に重要な介入のポイント
第1回	自己否定的、混乱、懐疑的	・陽性関係の早期の形成がカウンセリングの成否を分ける ・解決像づくりを具体的に、ていねいに ・行動目標は可能なかぎりスモールステップで
第2回	ハネムーン状態 自尊感情の高まり	・ていねいなモニタリングで肯定的変化を引き出して自己に帰属させる
第3回	状態の悪化 陰性感情の表出	・来談者の陰性感情に引きずられない ・肯定的変化を引き出し、肯定的変化を来談者自身に帰属させる
第4回	個人差の拡大 分離不安の表出	・変化の少ない場合にも Co がネガティブにならない ・来談者の不安に巻き込まれず支持的であること
第5回	自立への決意と不安	・認知的変化の発見とこれまでの肯定的変化との関連付け ・セルフコントロールのポイントを考えさせる

統合ステージ」と名付けました。

　ところで、カウンセリングの過程で起きた変化を定着するとはいっても、このテーマは非常にむずかしく、私ごときが料理できるネタではないので、本当はパスしたいのですが、そうもいかないので、一応、コメントしておきます。

　面接後期での変化を定着するために、このモデルでしていることは四つあります。

　一つは、**これまで起こってきた変化をさらに拡大する**ということです。やり方は中期までと同じです。

　二つめは、**肯定的変化を可能にしたセルフコントロールの方法を自覚できるようにもっていく**ということです。中期までは変化を起こし、その変化を拡大することに焦点を当てていますが、後期では肯定的な変化を引き起こし維持するために、どのように自分をコントロールしたかに焦点を当てるわけです。

　〈ここまでうまくやってきたけど、どうやってそういう状態に自分をもっていったの？　そのコツは何？〉

と聞くということです。

　三つめは、今述べたこととも関係しますが、**認知的変化を明確にする**ということです。ここまでの過程で行動と感情はかなり変化しているので、その二つの変化を手がかりに認知的変化を明らかにして、変化をさらに確かなものにすることに取り組みます。ちょっとわかりにくいかも知れませんが、あとで詳しく説明しますのでこれを見てください。

　四つめは、肯定的変化をこわす可能性のある落とし穴が何かを事前に考えておき、その落とし穴にはまりそうになったときの対処方法をあらかじめ考えておくことです。

　ごちゃごちゃと書きましたが、とにかく、①起こった変化をさらに拡大し、②それを可能にしたセルフコントロールの方法を自覚化させ、さらに、④その過程で生まれた認知的変化を自覚化させることで変化を確かなものにし、最後に、③落とし穴対策を練ることが面接後期の目標になります。

(3)　再統合ステージ

　面接の流れはこれまでと基本的には同じです。問題解決の公式 ── ①安心感安全感の獲得、②ゴールの設定と確認、③モニタリング、④対処方法の検討、⑤対処方法の選択 ── の枠組みは、基本的には変えないで繰り返すようにします。これまでと同じことの繰り返しの部分が多いのですが、一応、流れを追いながら説明をします。

ステップ1　安心感安全感の獲得

①面接の基盤としての安心感安全感

　生徒が来室したら、いつもと同じように、**非言語的な表現を意識的に用いて歓迎の意が伝わるようにします**。また、生徒の非言語的な表現、たとえば表情や声のトーン、体の動き、部屋への入り方やこちらの言葉への反

応なども同時に観察します。

　この時期になると、お互いだいぶん慣れてきていますが、だからといって歓迎をおろそかにしないようにすることは大切です。また、この時期になっても、カウンセラーがどうもしっくりこないと感じているとすれば、ほぼ間違いなく、生徒もしっくりきていないはずです。自分の中にわき上がってくる感情に敏感になって、『なぜなんだろう』と考えることは意味のあることです。

　私もしっくりこなかった体験があります。表面上はうまくいっているのですが、4回目になっても何か違和感があるのです。こんな時、みなさんならどうしますか？

　その時、私は
〈僕の思い違いなのかも知れないけど、どうもうまくかみ合わないっていうか、面接がうまく進んでいないような感じがするんだけど‥‥。気のせいかな？〉
と切り出しました。そのまま続けて違和感が残ったままで終わるのが嫌だったからです。

　その後の細かいことは省きますが、結局、この生徒は第4回目の面接で自分の問題を語り、その後の第5回面接では別人のような劇的変化を遂げました。その変化はその後も持続しました。

　この生徒は対人関係に問題を抱えていた生徒でしたが、私との関係においてもやはり慎重、というか、引いてしまったと言えるでしょう。悪くいえば、私が初回面接で十分な安心感安全感を提供できなかったということです。よく言えば、1～3回の面接で自己開示の苦手な生徒でも自己開示できる安心感安全感を提供できたために、この生徒は自分の殻を破って自己開示ができ、それが本質的な変化を引き起こしたのだと言えそうです。

　私自身、この事例を通じて本当に安心できる時空間を提供することの難しさと、本当に安心できる時空間を提供できたときに起こる変化の大きさを学びました。

カウンセリングの前提として、安心感安全感の大切さをもう一度強調しておきたいと思います。

ⓔ他の技法の援用について

〈僕の思い違いなのかも知れないけど‥‥気のせいかな？〉

の台詞は、一種の直面化（対決）です。

このケースではたまたまうまく作用しましたが、直面化はのるか反るかという性質をもった危険を伴う技法です。たとえば、この台詞に「そんなことはない」と生徒が防衛的に反応すれば、面接は壊れてしまいます。

逆に言えば、十分な安心感と安全感を提供できれば直面化も可能ということですが、このモデルでは危険を犯したくないので、基本的には避けるようにしています。

ただ、ある意味では直面化もこのモデルに取り入れることも可能だということです。力量に応じて、これまで学んできたことを取り入れていけばよいのだと思います。形にとらわれず、「役に立つことは何でもやってみる」という発想は、ブリーフカウンセリングの基本的発想でもあります。

ステップ2　ゴールの設定と確認

第4回面接のときには、ゴールの確認はあまり必要ありませんし、時間的にも苦しいので、省略することが多くあります。

最終回の面接では、面接全体を振り返るということもあるので、

〈今日で面接も最後だけれど、最初の面接でゴールを〇〇‥‥‥〇〇ってしたよね。〉

と簡単に確認します。

この確認は、ゴールまでの過程での現在位置を把握するために行う確認で、モニタリングの一部でもあります。

ステップ3　モニタリング

何をモニタリングするか

面接中期では、①変化や成功を探索しその全体像をモニタリングすることと、②その変化を可能にしたセルフコントロールの方法をモニタリングしました。後期ではこれに加えて、③肯定的変化の結果生じた認知的変化のモニタリングを行います。

この三つの関係は、たぶん循環的なのだろうと思います。たとえば認知的なアプローチでは③を引き起こすことから始めるでしょうし、行動療法などでは、②のトレーニングから始めるでしょう。

このモデルの場合は、①から始め、②へ、そして③へと進んでいきます。実際には肯定的変化が報告されれば、必ず、

〈どうやってやったの？〉

と②のセルフコントロールの方法を聞きますので、①と②はセットと考えてもかまいません。面接後期では、生徒の変化の度合いにもよりますが、①よりは②に比重をかけますし、①②がある程度できたら、③に踏み込んでいくようにします。

モニタリングと個人差

この時期になると、変化の速度に個人差が相当出てきています。変化の大きい生徒の中には、教師が介入するまでもなく、自分の肯定的変化やそれを可能にした自分なりのやり方も自覚し、さらにそれを何度も繰り返している生徒も少なからず出てきます。

これをバスケットにたとえれば、ようやくシュートが入りだした段階の生徒がいます。この生徒には①と②を中心としたモニタリングを行います。

また、なんだかわからないけれどシュートが入るようになり、さらに進んで、どう打てばシュートが決まるかが分かりだし、中にはシュートの打

ち方を自分なりに工夫しだす生徒もでてきます。成功につながるセルフコントロールのコツをつかみかけているのです。このような生徒の場合は、②と③に時間をかけるようにします。

　さらに進んで、かなりの確率でシュートを決めだす生徒もいます。こっちも面接をしていて『イヤー、成長したなあ』と思う生徒です。こうした生徒には、特に③に時間をかけるようにします。

　『俺って結構いいプレーヤーじゃん』と生徒が思えるようになったら、できれば③までいきたいところですが、③ができなくともかまいません。

　大切なのは、面接の後で生徒が、『あまり変わっていないと思っていたけど、結構、変わってきているんだな。それにあまり意識していなかったけど、何とか自分でしていたみたいだ。ちょっと自信が出てきたぞ』という思いになることです。

肯定的変化とセルフコントロール方法のモニタリング

　さて、実際のモニタリングについてみていきます。

　この段階は、面接中期までとまったく同じです。肯定的変化を確認し、その輪郭を描く過程を通じて、自己効力感を改善し、変化を定着させることを意図しています。

　認知的変化のモニタリングが可能なのは、ある程度変化が大きい生徒に限られますので、この段階がある程度しっかりできていないと、認知的変化のモニタリングへ進むことは、このモデルではほとんど不可能です。ですから、変化が小さい生徒などの場合には、この段階を面接中期と同様に時間をかけてやるようにします。

　このように書くと、私が大きい変化を求めているようですが、そうではありません。もちろん、変化は大きいに越したことはありませんが、ある程度の変化があっても、もしカウンセラーが『もっと大きな変化を』という思いを持っていて、それが生徒に伝わってしまえば、その変化は相対的に「小さい変化」ということになってしまいます。それは自尊感情と自己効力

感にマイナスの影響を与えるでしょう。

　逆に一見「小さな変化」であっても、その変化を大切にし、その変化を引き起こした生徒の資質や能力にカウンセラーがスポットを適切に当てることができれば、自尊感情と自己効力感は改善し、面接終了後の持続的な変化が期待できます。

　大切なのは、自尊感情の改善であり、自己効力感の改善なのです。

認知のモニタリング ── 認知的変化の確認

　これまでやってきたモニタリングは、「できていることや肯定的変化」などの行動面にポイントを置いたものでした。面接後期では、これに加えて**認知的変化のモニタリング**にも取り組みます。

　ここまでの面接過程で肯定的な変化が生じている場合、本人は気付いていなくても、「ものの見方」が変化していることがほとんどです。もうちょっと突っ込んで言うと、**自分、他人、あるいは人生に対する見方のいずれかに肯定的な変化が生じています。**

　そこでそのプラスの認知的変化を明確化し、否定的なものの見方がマイナスの影響を与えていたこと、そして、肯定的な認知的変化がプラスの生活上の変化を引き起こしていることに気付くように質問をしていきます。それによって、**これまでの否定的なものの見方を修正し、現在の肯定的なものの見方を強化する**ことがこの段階の目的です。

　手順は以下のとおりです。
　① 「現在のものの見方」を確認し、
　② 「従来のものの見方」を明らかにし、
　③ 「ものの見方の違い」によって生じる影響をはっきりさせる。

　認知的変化とは、論理療法でいうところのイラショナル・ビリーフ、交流分析でいうところのドライバーや禁止令、認知行動療法でいうところの自動思考やスキーマなどに変化が生じることではないかと思います。

　ところで認知的変化とは、カウンセリングの一般的な用語でいえば「洞

察」の一種といえるかもしれません。カウンセリングでは一般的に「洞察が変化に先行する」と考える傾向がありますが、実際には「変化が洞察に先行する」ことも少なくありせん。

このモデルでは、行動的変化を先行させることで認知的変化を引き起こし、その認知的変化を自覚することで、いったん生じた行動上の変化を定着させようとしています。

認知的変化のモニタリングの実際
参考までに実際の事例を二つほど出します。

例①──自己認知に変化が生じたケース
〈面接を始めてから何か変わったところはあるかな？〉
「うーん。自分に対してあんまり否定的じゃなくなった気がする」
〈そう、今まではどうだったの？〉
「なんか、悪いほうに考えてたんですよ。いろいろ悩んで。でも結局悩んだだけで終わって、何も変わらないっていうことが多かったんですよ。それで自己嫌悪」
〈なるほど。で、今は？〉
「別に悩んだからといって解決するわけじゃないから、それだったらいい方に考えて行動した方がいいんじゃないかなあって。今までは『できないかも知れない』って考えて、だから動けなかったんだけど、最近は、『できるかも知れない』って考えるようにしてるんですよ。行動しないと変わらないし。」
〈そう考えることで何か生活に変化はあった？〉
「はい。授業とかに集中できるようになった。グチャグチャ考えなくなったから。あと、あんまり落ち込まなくなった。他にもいろいろ。」
〈そういう変化を通じて、自分とか他人とかに対しての見方が変わったりした？〉

「あ、変わったかも知れない。今まで自分のことを『ダメ人間』って思うことが多かったんですよ。でも最近は『それほどダメじゃない』って思えるようになってきた」

例②──他者認知に変化が生じたケース
〈優子もずいぶん変わったよね〉
「自分でもそう思います」
〈ちょっと聞きたいんだけど、そういう変化を通じて何かものの見方とかで変わったところはあるかな？〉
「‥‥他人に対する見方が変わった気がする」
〈‥‥どういうこと？〉
「教室に入れなかったときは、何となく周りが怖かったんですよ。でもちょっとだけ勇気を出してみたら、みんないい人たちで、別に怖い人たちじゃなかった」
〈なるほど。それは今まで周りの人をどう思っていたのが、どう変わったっていうことかな？〉
「今までは、『周りの人は自分を責めるかも知れない』と思っていたんですけど、今は『責めるとは限らないし優しい人たちもいる。こっちが心を開けば話せる人はいる』って思えるようになりました」
〈なるほど。それはすごい変化だね。そんなふうに友達の見方が変わったことで、何か変化はあった？〉
「はい。すごく。教室にいるのが平気になった。前はすごく緊張してたけど」

認知的変化が見つからない場合の対応
　肯定的変化がみられた生徒に対しては、基本的には全員に「認知的変化のモニタリング」のための質問をしてみます。行動上の変化が大きい生徒の場合には、思いのほかスムーズに認知的変化を確認できますが、先に述べた

第2章　実践編　79

とおり、行動上の変化が小さかったり、その原因を他者に帰属させがちな生徒の場合には、なかなかうまくいきません。

そこで何度か質問を言いかえたり、かみ砕いて言ったりしても、生徒が返答に窮しているようであれば、「肯定的認知」を無理に引き出そうとするよりも、ここまでやってきた「行動上の肯定的変化の拡大」を目指した介入をした方がスムーズに面接が進みますし、援助的だと思います。あまり深追いせずに、このステップはスキップしてもかまわないということです。なお、解決志向アプローチにはこのような認知的変化を確認するようなステップはありません。

現在位置の点数化

「できていることや肯定的変化」と「認知的変化のモニタリング」が終わったら、今までと同じように10段階のスケーリングを使って現在位置を確認します。

ただ、後期、特に最終回の面接では、面接全体を通じての進歩を明確にすることが大切ですので、前回からの変化よりも初回からの変化を確認するようにします。たとえば、

〈最初のころは、自分の状態を☆点と言ってたけれど、今の状態は何点ぐらいかな？〉

という具合です。

ステップ4　対処方法の検討 ── 変化を維持するための目標の検討

変化を維持するための質問

面接中期までは、「プラス1点像」を明らかにすることに取り組みました。第4回面接では、中期と同じように「プラス1点像」を描くための質問だけでもかまいませんが、第5回面接では、カウンセラーがいなくなっても自分でやっていけるように、ここまでに生じてきた変化を確実に維持するた

めの質問が中心になります。
　たとえば、こんな質問をします。
〈この調子でやっていくには、どんなことが必要だと思う？〉
〈ここまで来るのに、どんなふうに考えたり行動したことが役に立ったんだろうね？〉
〈ここまで来るのに、支えや助けになったのはどんなことかな？〉
〈自分にとってもっとも重要だったのは、どんな変化だったと思う？〉
〈自信も少しずつふくらんで、やる気も維持できているためには、どんなふうに考えたり、どんな行動をすることが大切だと思いますか？〉

　これらの質問に対しての返答を考える過程で、生徒たちは「なぜ自分は変化できたのか。その最大のポイントは何だったのか。そして今後、その変化を維持するのに大切なのは何なのか」を考えることになるわけです。
　なお、私の印象では、この手の質問に答えるのが難しい生徒もいますので、あまり深追いしないことが大切だと思います。また、第4回面接の時に、ここであげたような質問をしてもまったく答えられなかったのに、同じ質問を第5回面接でするとスラスラと答えるという事例もたくさんあります。おそらく、第4回面接でした質問が生徒の思考を耕す効果を持っていたのではないかと思います。答えられないからといって無駄ではないということです。

落とし穴対策

　面接後期の目標として「落とし穴対策」というのがありました。今後、カウンセラーのもとを離れて1人でやっていくわけですから、不安のある生徒もいるはずです。この介入は、事前にはまりそうな落とし穴をある程度はっきりさせ、その対策を考えておくことで今後の不安を軽減し、また、実際に落とし穴にはまりにくいようにすることが目的です。
　具体的には、このような会話で進めます。

〈これから先、調子の悪いときもあると思うんだけど、もし、そうなるとしたらどんな感じになったときかな？〉
「‥‥‥たぶん、親が怒ったとき。怒るとすぐ叩くから。そうすると、『どうでもいい』っていうふうになっちゃう」
〈そう。じゃあ、もしそうなったらどうする？〉
「でもたぶん大丈夫。前みたいに怒られることも減ったし、お父さんが怒りそうな時って雰囲気でだいたい分かるから、そういう時は、こっちが冷静になればうまくいくと思う。それに腹を立ててふてくされて損するのは自分だし」
〈もし、それでも殴られたとしたら、その時はどんなことが役に立ちそうですか？〉
「『美容師になる、美容師になる』って自分に言い聞かす。絶対なりたいもん」
〈そうか。他にも何かある？〉
「あとは敬子に電話をかける」
〈そうしたら大丈夫そう？〉
「うん、大丈夫。1人で背負い込まなくてすむから。敬子、そういうの、分かってくれるから」

ステップ5　対処方法の選択

ブレイク

　ブレイクはこれまでとまったく同じで、何か言い落としや付け足しがあるかを質問したあと、ブレイクに入ります。生徒には、
　〈2〜3分休憩を取るけど、戻ってきたときに、感想を聞くから今日の面接を振り返っていてください。それから、今後についてもちょっと考えておいてください〉
といった趣旨の言葉を述べて席を外します。

カウンセラーは、①肯定的評価の材料探し、②次回の面接までの提案の作成、③提案理由の作成を行い、3分程度で伝えられるメッセージにまとめます。

　ここで重要なのは、これまでのセッションにもまして支持的であることだと思います。

　というのは、生徒は「カウンセラーとの別れ」という現実を前に、多かれ少なかれ不安を抱えて不安定な状態にあると考えられます。ですからメッセージでは肯定的評価の材料探しをきっちりとやることが大切ですし、何度も述べたように後期のポイントは「面接後も1人でやっていける自信がつく」ことにあります。ですからメッセージは、『肯定的変化を引き起こしたのは確かに自分自身だった』と思えるようなものにまとめたいものです。

　そのポイントは、失敗は能力や資質ではなく努力不足や運などに帰属させ、成功は努力や運ではなく、それを可能にした能力や資質に帰属させるようにすることです。

面接のまとめ

　数分後に席に戻り、まずは生徒から面接の感想や今後についての考えなどを聴きます。話を聞いた後で、作成したメッセージを伝えることになりますが、提案の内容は、生徒が今後どうするかということについて語った内容を、ほぼそのまま繰り返し、「**この調子でいきましょう**」というのが基本となります。こちらからの提案は、「まだ変化が不十分」というメッセージを送ることにもなりますから、控えめにします。

　以上の一連の流れが終わったら、第4回面接の場合は、**次回の面接が最終回であることを**予告した上で、次回の面接を予約し、双方にとって心地の良い別れ方をします。

　第5回の最終面接では、これが最終回なので、別れに際して多少なりとも不安と未練が残るのが普通です。ですから何か言いたいことがあれば、それを聞いたうえで、支持的にかかわりながら、温かい別れをするように

します。

　変化が不十分と思われる場合
　これで面接は終わることになりますが、うまくいかなかった場合はどうすればいいのでしょうか。
　まず、基本的には最終回の面接の最後で話し合いをもち、双方がさらに継続したほうがよいと考えた場合は、いったん5回面接を終了して、再契約を結ぶのがよいと考えます。つまり、一度終結ということにして、もう一度5回の面接契約を結び直すわけです。その場合は、もう一度初回面接から始めることになります。
　ただ、一部の長期的なかかわりを必要とする生徒や、変化がほとんどない生徒を除いては、つまりある程度の変化があった生徒の場合には、その変化が不十分に思えても、健康な生徒の自己成長力に期待して終結にしたほうがうまくいくケースが多いように感じます。
　未解決な部分があるからこそ面接終了後にその課題に1人で取り組めるわけです。カウンセラーと一緒に取り組んで達成した変化にももちろん意義はありますが、それ以上に、面接終了後、面接で達成した変化を土台に、1人で成し遂げた成功体験は、面接中の成功と重みが違うのではないかと思います。

5　Q&A

　ここからは、これまで私がいろいろなところで受けた質問に答えてみたいと思います。

　Q　面接の効果はどのくらい持続するのでしょうか。

53ページでも触れましたが、この面接方法で16名の生徒に面接を行ったことがあります。

　面接が終わって約3か月半後、面接を行った16名を対象に、自尊感情と自己効力感の検査を行いました。私の予想では、その間には夏休みも入りましたし、元に戻るところまではいかないまでも、効果はかなり消失しているのではないかと思っていました。しかし、驚くことに(実は私が驚いたのですが)、自尊感情は3か月後に行った同じ検査でもほとんど同じ高さの水準のままでした。自己効力感は4割ぐらい下がりましたが、それでも面接前に比べればかなり高い水準を維持していました。

　このことは、このモデルによるカウンセリングは、それなりの効果を持っていて、ひょっとしたら、それはかなり永続的なものかも知れないということを示しています。また、自尊感情の変化は初回面接で現れていて、その後、一度も低下していないことを考えると、たった一回の面接であっても、生徒にとってはかなり重要な意味をもつのかも知れないと思います。

　私たちは面接の持つ意義を再認識し、もっと子どもたちと個別にかかわる必要があるのではないかと思います。

> Q　ゴールを設定しようとすると、「学校が楽しくなっている」とか「元気になる」といった抽象的な答えが返ってきて、それ以上具体的な目標を引き出せません。

　たとえばある生徒が、ゴールを「学校が楽しくなっていること」と言ったとします。確かにそのとおりなのでしょうが、この言葉だけでは「楽しい」ことの中身が分かりません。「映像」のような、より具体的なイメージがほしいところです。

　そこで質問を追加することになりますが、〈もっと具体的に〉という言い方では、『君の答え方では不十分だ』というメッセージとして伝わるかも知

れません（ならないかも知れませんが）。そこで〈そうか、学校が楽しくなっ
てるんだ〉とニコニコしながら相手の発言を受けとめた上で、〈じゃあそう
なった時には、たとえば教室ではどんなことをしているかな〉といった質問
をしてみます。「優ちゃんたちと昼休みにグレイの新曲の話をする」「消しゴ
ム貸してって圭ちゃんに言う」といった、クライエントにもカウンセラー
にも、その場面が「映像」のようにくっきり見えるゴールが描ければＯＫです。
　〈そうなった時にはどうなる？〉〈たとえば？〉がキーになる質問です。

> Q　ある担任から多動の児童の相談を受け、「どうなったら嬉しいですか」
> と質問したら、「あの子が落ち着いて授業を受けるようになる」との返
> 答でした。また、不登校の保護者との面接の際も、「あの子が学校に
> 行ったら」という返答でした。自分ではない誰かが変わることを望ん
> でいる場合、どう面接を進めたらいいのでしょうか。

　解決志向アプローチでは、問題はあるがその原因は相手にあると考え
ている状態を、「コンプレイナント・タイプ」と言います。問題を解決する
には誰かが変わる必要があるが、それは自分ではなく他人、と考えているわ
けです。
　このタイプに対して解決志向アプローチでは、よく話を聞いた上で、よ
く問題を把握していることなどを賞賛し、〈次回も様子を観察してきて、い
ろいろ教えてください。特に、いい兆しなどがあれば今後のヒントにもな
るので〉といった具合に対応するのが基本です。課題は出したとしても「観
察」までで、それ以上の「つっこみ」は面接の継続を危うくするので、普通は
しません。
　ただ、学校の場合は、「ではまた来週。さようなら」とは行かないケース
のほうが多いのが現実です。そこで私は、まず来談者の話を傾聴し、〈そう
なったら本当にいいですね〉と受けとめた上で、〈お子さんがそうなり始め

た時には、どんな影響が出てきますか？〉〈そういう変化が起こり始めたら、お子さんとの会話やお母さんの対応にどんな影響がありますか？〉といった質問をしてみます。多少強引かも知れませんが、子どもの変化を状況の変化や自分の変化に関連づけ、そこから切り込んでいきます。

> Q　ゴールを描いていると、現実の自分の状態とはあまりに違うので『どうせできない』という気がしてきて、かえって落ち込んでしまう生徒がいるのではないでしょうか。また、その場合、どうしたらいいのでしょうか。

　問題がその生徒にとっては解決不能に思えていたり、神経症的な問題を抱えているような場合には、このようなことが起こります。以下に三つの対応例をあげますが、いずれの場合もデリケートな対応が要求されます。
　対応①　「無理だ」「自信がない」という問題が解決した状態を10点像とする。
　精神的に健康な生徒の場合には、このような対応をすることが多いです。たとえば、
　〈自信がないっていうことも含めて、今、君が抱えている問題がぜーんぶ解決したときにはどうなってる？〉
といった言い方をします。
　対応②　「ゴール」を描くのはやめて「小さな変化」を描くことに切り替える。
　話していて『これは状態が悪いな。神経症レベルかな』と感じられる生徒にとっては、ゴール（10点像）は遠くて手が届かない目標です。その場合には、「大変な状態にもかかわらず、何とか踏ん張っていること」にスポットを当てることと、10点像は描かず、「ほんのちょっとだけ変化した状態」を描き、それを当面のゴールにします。専門家へのリファーも視野に入れて

おく必要があります。

　対応③　サポートに集中し、専門家にリファーする。

　特に危機状況にある生徒など、ゴールを描くどころではない生徒もいます。その場合には、ともかく傾聴して、支えることやねぎらうことに集中します。押さえておきたいことは、こうした生徒の治療は学校教育相談の守備範囲ではないということです。速やかに保護者に連絡を取り、専門機関に治療をゆだねながら、その生徒の学校生活を支援するのが学校教育相談の役割だと思います。

　Q　実際に面接をやってみると、各段階のつながり、特に、問題を聞いた後で解決像（10点像）を描くところがむずかしいです。何かコツはあるのですか？

　問題について語っていたクライエントの思考や意識を、解決状況について考え語るように転換させるわけですから、確かに簡単ではありません。特に、問題に「はまって」いる度合いが高いほどむずかしいでしょう。

　そのようなクライエントの場合には、まず、クライエントの労苦や汗、涙に十分な理解を示すことが、前提として重要です。『このカウンセラーは本当に分かってくれているんだろうか』という疑いがある状態では、先に進むことが心理的にできないのは当然です。

　また技術的には、「だんだん暖かくなってきましたね」といった、クライエントが「はい」と返答するような語りかけを次から次にする「**イエスセット**」という技術が役立つように思います。このような語りかけをすることで、生徒はこちら側の話の流れに乗りやすくなるようです。詳しくは別の書籍等を参考にしてください。

　最後に、一番重要なことですが、面接は「実技」だということです。実技は練習しなければうまくなりません。実際にやってみることが上達の早道

だと思います。

> Q　生徒の話を聞いていると、アドバイスをしたり、解決策を言いたくなります。言ってもいいのでしょうか。

　このモデルでは、問題解決だけではなく、生徒の問題解決能力についての自己効力感を育てたいと考えます。そのためには、自分で問題解決に成功することがもっとも有効です。ところが、アドバイスをしてしまうと、問題解決のプロセスの一部を「代行」したことになりますから、たとえ問題が解決したとしても、「自分で問題解決をした」という感覚を損なうことになってしまい、自己効力感の伸びはあまり期待できなくなります。
　じれったくても、先生がいいアイデアをもっていたとしても、アドバイスはしないのが基本です。せいぜい解決策を考えるヒントどまりにしておきます。

> Q　今まで私は感情を重視するようにと指導されてきました。このモデルは感情を軽視していませんか。

　確かに、感情に焦点を合わせれば、クライエントは押さえ込まれていた感情を発散できますし、それによって精神的な安定を得たり、自己理解が深まったり、カウンセラーとの関係が深まったりします。ですから、感情への焦点化は意味のある面接技法です。
　ただ、マイナスの感情に焦点を当てれば、マイナスの話が出てきますから、問題解決の方向に話をもっていくのはむずかしくなります。面接も長期化しがちです。クライエントの傷口に触れる危険性も高くなり、技術的にもより高度なものを要求されるようになります。だから、このモデルで

は感情に焦点を当てないのです。

　しかし、よく誤解されるのですが、感情を軽視しているのではありません。このモデルでは「安心感安全感の獲得」の段階で、労苦や汗、涙に伴う感情を理解したことを伝えます。信頼関係を形成するためです。そのためには相手の感情を敏感に察知する感性が必要です。これまで研修されてきたことは、無駄にはならないと思います。

> **Q** このモデルで提示された「5段階」を1回の面接の中で終わらせられませんでした。まずいですか？

　クライエントの状態によっては、思うように進まない場合があります。私の感覚でも、ちょっと難しめの問題を抱えている生徒の場合は、40分ぐらいはほしいと思うことがあります。その場合は、そのようにしています。
　また、「5段階」をやるのに数回の面接を要することもあるでしょう。それはそれでかまいません。急いで先に進めるより、焦らずに各段階をていねいに進めるほうが大切です。なお、焦りの背景に、『なんとか問題を解決しなければならない』という考えがあるとすれば、ちょっと巻き込まれ始めているのかも知れません。こちらはクライエントの力を信じてかかわればいいのです。問題を解決するは、クライエント自身です。

> **Q** このモデルはどのような問題に対しても万能ですか？

　このモデルは、基本的に現実問題に対する対処を検討するモデルです。ですから、どのような問題であれ、現実の具体的な対処行動を必要とする問題については、強いモデルだと思いますし、使えるクライエントの範囲も、扱える問題もかなり広いほうだと思います。
　ただ、「生きる意味」とか「アイデンティティの探索」といった内面的課題

については、精神分析的カウンセリングや来談者中心カウンセリングなどの洞察的アプローチや実存主義アプローチのほうが適していると思いますし、幼児の場合には、非言語的なプレイセラピーや箱庭療法などのほうが有効性が高い場合も多いと思います。

考えてみれば、あらゆる問題にベストフィットする方法論などあるはずがありません。このモデルもそうです。学校という状況、生徒という対象、教師という主体などを総合的に考えると、ベターな方法論ではないか、ということです。

> Q 面接が終わったあとは、どうするのですか。その後の様子が気になるのですが。

軽いケースで、予後が順調であることが観察などからはっきり分かる場合などは、廊下であった際に、〈おー、元気か〉と声をかける程度で終わることもありますが、ほとんどの事例では、数か月後に簡単な面接をします。時間は5分から15分程度です。目的はその後の状況の確認ですが、やることは通常の面接と同じで、まずは様子を聞いて、できていることがあればそれを確認し、なぜそれができているのかを質問します。変化を安定させるようにかかわるということです。

保護者の場合は、電話で、〈その後いかがですか？〉と連絡を入れるようにしています。

必要があれば、そこでもう一度面接になります。

> Q このモデルは小学校や中学校でも使えますか？

中学校では使用は可能だと思います。特に高校受験の際の進路指導などでは有効でしょう。

小学校では、このモデルをそのまま利用したり、とりわけ「時間制限」をかけることは発達段階からして無理だと思います。それより小学校では、個別指導や学級指導の中で、このモデルのエッセンスを利用すると考えたほうがよいでしょう。たとえば、「肯定的事実の確認(賞賛)」「リフレーミング」「原因帰属を変える」「10点像を描く」「プラス1点像を描く」などは、教室でのちょっとしたかかわりの中で生かすことができると思います。

> Q　栗原先生は、この面接方法で失敗することはありませんか？

　します。それもたくさん。
　もっとも失敗が多いのは、初回面接の「安心感安全感の獲得」と「ゴール設定」です。最初の20分ですね。生徒は教師の顔色を見て当たり障りのないことを言うことも多いですから、それに引っかかって欲求に基づいたゴールを設定できないと、シャツのボタンの掛け違えのような状態になって、最終的にうまくいきません。
　心がけているのは、面接に入る前に、ちょっとコーヒーでも飲んでリラックスした精神状態になることです。もちろん面接では神経をかなり集中するのですが、その一方で、こっちがリラックスしていなければ向こうもリラックスできないというのも本当です。
　また、ゴール設定については、本当に欲求に根付いたゴールかどうかをきっちりチェックしながら進めるようにしています。それでも同じ失敗をするので、反省しきりです。
　面接は、毎回毎回、その時その時が重要なのですが、初回面接の最初の20分は、その後の面接全体の土台となる特に重要な時間帯だと思います。

> Q　これまでに2回面接をした中3の保健室登校のA子のことで相談します。

第1回面接では、なりたい自分は普通に教室にいけてる自分。解決の時期は夏まで。そして、その状態を10点とすると現在の状態は5点。その中身は学校には来ているけど教室には行っていないから。あと1点あがったら、保健室にもっと長くいる。自分の教室を覗いてみる。中間テストは保健室で受ける。部活動に出てみたい。家での状態は特にない。ということでゴールは普通に教室に行けることでした。

　2回目の面接では、ゴールも解決の時期も前回と同じでした。うまくいったことは、給食も食べて保健室に長くいられたこと。部活動にも参加し、クラスの友達と普通に話せたこと。誰もいない教室に行くことができた。家では15分くらいだけど自分から勉強したこと。そのことでは母親の機嫌が良くなったことで、前回は5点だったが今回は7点と答えました。

　これから先の実行できる行動目標を質問すると、初回面接の時と同じ内容しかでてきませんでした。そこで、先生方が時々保健室に来たいと言っているのでいろんな先生と話しをしてみること、それからA子が最初はドキドキするかも知れないが、2回目には友達とも普通に話せると言っていたので「昼休みにクラスの友達と保健室でトランプでもして遊ぶことを行動目標にしては」と私の方から提案しました。これに対してA子は「やってみても良い」と言いました。今思うと、このような提案をせずに、もう少し同じことをやってもらえば良かったのかなと思うのですが、どうでしょうか。

　A子は初回面接から自分の気持ちを出せています。これは先生の力量の証であるとともに、この生徒が基本的には人間に対する基本的信頼感を持っていることの証とも考えられます。それは、教室に入れる可能性が低くないことを示唆しています。

　また、第2回面接で変化が報告されないとすれば、ゴール設定が欲求に基づいていなかった可能性がありますが、実際にはA子はいくつもの変化を報告していますから、ゴール設定を含め、初回面接が基本的にはうまく

いったことを示していると思われます。

　さて、今後ですが、7点という点数は、非常に高い数値だと思います。これはうれしくもありますが、心配なのはA子が無理をしているかも知れないと言うことです。つまり、先生との面接で、ポジティブなイメージが広がり、うれしくなったために、その方向へ無意識的に頑張ってしまっていると言うことです。

　これは、精神分析でいうところの、陽性転移に基づく「転移性治癒」かも知れません。精神分析では、この変化は自分の力による本当の変化ではなく、「消失する変化」とされ、あまり価値をおきませんが、このモデルではそうは考えません。転移性であれ、一時的であれ、A子は変化を引き起こしたという事実を大切にします。先生もやられたかも知れませんが、私でしたら、A子の変化を根ほり葉ほり聞きながら、成功体験を追体験させたり、再生できるように自覚化させたりすることに最大限エネルギーを注ぎ込みます。

　さて、「先生とのお話とトランプ」の件ですが、自尊感情という点からすると、「目に見える行動面の変化」を急ぎすぎたかも知れません。変化させたいのは自尊感情であり自己効力感です。行動だけではありません。変化を急ぐことは、「あなたの変化は小さい」「あなたの変化は遅い」というメッセージになってしまいます。このような視点からすれば、先生の思っておられるとおり、「すっごくいい調子なので驚いたよ。今の調子をもうちょっと続けていって、ほんのちょっとだけ、今やっていることに慣れてきたらどんな感じかな？」といった質問のほうがベターだったかも知れません。

　なお、こちらからアイデアを出すことは基本的には避けますが、すべて悪いわけではありません。アイデアをこちらが提案するのではく、一緒に考えるような感じで面接を進めていれば、むしろプラスかも知れません。

第3章　事例

> ここでは、4種類の異なるタイプの事例を紹介しています。「由岐の進路面接」では、学校でもっとも一般的に行われる進路面接を取り上げ、細かく解説を加えています。カウンセリングのライブヴァージョンです。「優子」の事例は、どちらかというと治療的な色彩の強いカウンセリング事例です。ただ、学校ではいつもまとまった面接時間がとれるとは限りません。「明」と「恵子」の事例は、日常のちょっとしたかかわりの中で、このカウンセリングの技法を使ってかかわった事例です。

事例1　由岐の進路面接

> 由岐は、高校2年の女子。両親と姉との4人家族。父は会社員。母は専業主婦。姉は3歳上で、現在は会社員として働いています。
> 服装や頭髪などで学校の生活指導には時々引っかかったり、周囲に流されやすいところがあり、1年の時は体がやや弱いこともあって、欠席が年間30日ほどでした。ただ、様子を見ていると、体調不良を口実にした怠けの欠席が多かったようでした。
> このような点を除けば、特に大きな問題があるわけではなく、成績は中の下ぐらいで、人なつこいところもある生徒です。
> 2年になっても進路が決まらず、依然としてパッとしない生活が続いており、担任が、「ちょっと面談してやってくれ」と持ちかけてきま

> した。由岐は特に面接をしたいという希望はありませんでしたが、担任に言われて、特別イヤというわけでもなかったので、5回の面接を受けることになりました。相談係である私と由岐とは初対面でした。
> （逐語記録のTは教師カウンセラー、Sは生徒の発言です。逐語記録中の強調文字は、ある程度定型化された文章をもとにした発言です。）

1　第1回面接（目標設定ステージ）

ステップ1　安心感安全感の獲得

歓迎

(1) 逐語記録

S1　トントン。あのう、栗原先生、いますか。

T1　はい、います。あ、由岐さんかな。

S2　はい。あのう、担任から行けっていわれて来たんですけど。

T2　うん。聞いているよ。（立ち上がって、由岐用のイスを用意しながら）こっちへどうぞ。

S3　あ、すみません。

T3　イエイエ。担任の先生から、今日、来るって聞いていました。たぶん、話すのは初めて、だよね？

S4　はい。

T4　相談室に入ったのも初めて？

S5　あっ、はい。

T5　どうですか、この部屋。……（以下、雑談が1分ほど続く）……で、名前も知らないと話もしにくいから自己紹介するね。栗原といいます。よろしくね。

S6 あっ、由岐といいます。よろしくお願いします。
T6 こちらこそ。それで、ちょっと、いきなり変なことを聞くんだけど、どうして君は、今日はここに来ることになったんだろう？(笑い)
S7 (笑い)私もよく分からないんですけど、たぶん、学校とかよく休むし、ぼーっとしてるからかなって思うんですけど。
T7 ぼーっとしてるの？(笑い)
S8 かなり(笑い)
T8 いやあ、実は僕もね、とりあえず話してみてくれって言われて、「はい、そうですか」って答えたものの、何を話していいかわからなくてね。とりあえず、由岐さんが来てから考えようって思っていたんだよ。
S9 担任からは何も言われていないんですか？
T9 うん。特には。まあ、でも、何回か話をしてくれとは言われているんだけど。由岐さんにもそう言っておいたって担任は言ってたんだけど、そう？
S10 はい。
T10 じゃあ、何回か、話をするって言うことでいいんでしょうか？(笑い)
S11 はい(笑い)

(2) 介入の分析

　由岐は、面接にとりあえず来たという感じでした。私にとって運が良かったのは、おそらく担任の説得(？)もあって、由岐が『面接はしなくてはいけない』と覚悟していたことと、あまり面接に対して拒否的な感情を持っていなかったことでした。
　また、由岐と私は初対面です。当然、由岐は私に「探り」を入れる必要があります。「相談室に入ったのは初めて？」の台詞以降の雑談は、由岐が落ち着くまでの時間の確保のためです。私としては、由岐に『まあ、一応この人なら大丈夫そうだ』と思ってもらわなくてはいけません。つまり、雑談の数分間は、私としては、由岐の語調や表情、イスを用意したことへのリア

クションなどを読みとりながら、こちら側の表情を作ったり、語調を柔らかくしたりして、歓迎の意を表すことに心を砕いていました。

　また、全体として笑いのある軽いノリで対応していますが、いつもそうだというわけではありません。ただこのときは、「なぜかよくわからないけれど、担任の術中にはめられて何回か話をしなくてはならなくなった不幸な2人」という構図にうまく持っていくことができたことが、2人の親近感を高めたように思います。

(3) 逐語記録

T12　じゃあ、問題は何を話すかって言うことなんだけど、**自分が解決したいとか、整理できたらうれしいなぁと思うことを話し合っていこうと思うんだけど、何を話そうか。**

S12　将来なりたいのは決まってるんですけど。

T13　ほう、すごいね。何になりたいの？

S13　看護婦になりたいんですよ。でも、担任に聞いたら、結構むずかしいって。それと、いくらぐらいかかるか分かんなくて。あと親が出してくれるか分からないんですよ。

T14　親が出してくれるか分からない。

S14　上に、お姉ちゃんがいるんですけど、短大とかには行ってないんですよ。それで、なんか、私だけ行くのも、アレかなぁって思って。

T15　そうか、上が行ってないから、私だけ出してもらうのは許されないんじゃないか、って思うわけ？

S15　はい。お姉ちゃんは大学に行きたかったみたいなんですけど、でも、出せないみたいなことを親が言ってて、それで結局、終わったんですけど。

T16　そうすると、私は行きたいと思っていても、親が出してくれなかったら、私はなれないんじゃないか、って。

S16　はい。それと奨学金とかも考えたんですけど、でも、それなりに頑張

らなくちゃいけないかなぁって思って。それには自信がないっていうのもあって。
T17 奨学金ね。もらえたらうれしいけど、もらえるほどの成績を取る自信がない。
S17 そんな感じです。どれぐらいの成績を取ればいいのかも分かってないんで。
（中略）
T20 看護婦になりたいというのは、いつ頃からの夢なの？
S20 中学校1年ぐらい。
T21 ずいぶん早いね。どうして？
S11 けっこう小さいときから身体が弱かったんですよ。今はだいぶん良くなったんですけど、前は病院とかにもよく行ってて。それでなりたいなぁって。
（中略）
T23 本当にやりたいの？
S23 無理なのかなぁってちょっと思ったりもしますけど、でも、やりたい。
（中略）
T31 今のところは、看護婦になりたい。でもいくらかかるか分からないし親が出してくれるか不安だ。奨学金のことも考えるけど、もらえるかどうか分からないし、成績も自信がない、っていうことかな。
S31 はい。

(4) 介入の分析

S12で、由岐がいきなり核心的な話をしてきたのは、最初の段階で、安心感安全感をある程度得られたからだと考えられます。その点で、面接の最初の段階は、面接全体の成否を決めるほど重要だといえるでしょう。また、5回面接であることをはじめから知っていたので、『どうせ5回やるのなら、有効に使おう』という思いがあったのかも知れません。そうだとすれば、

時間制限の効果と言うことになります。

　S13以降で、由岐は自分の願望と、願望にまつわる葛藤を表明しています。T23では、その願望に疑問を差しはさむことで、その強さの程度を確認しています。この生徒の場合、ある程度、願望がはっきりしていたために、その後の面接がスムーズに展開したと思われます。T31では、由岐の話した内容をまとめて願望と葛藤を明確化しています。

肯定的評価の伝達

　(1)　逐語記録
T32　でも看護婦になりたいんだよね。
S32　はい。それで、最近はちょっとまじめに授業を受けているんですけど。
T33　で、授業をまじめに受けてるとどうですか。授業が分かるようになってきましたか。
S33　はい。ちょっとは理解できるようになりました。
T34　すばらしいですね。

　(2)　介入の分析
　由岐の場合は、まとまったかたちでの肯定的評価の伝達をしていません。由岐が前向きな意欲を維持していることや、小さな変化ですが授業などにまじめに取り組み始めたこと、面接で進路問題に取り組もうという進路意識など、いくつも介入できるネタはあったのですが、うまく流れていたので、気を抜いてしまいました。関係を作るのが難しい生徒の場合は、ここをもう少していねいにやる必要があると思います。

　ただ、面接全体を通じてカウンセラーは、S33のように肯定的に評価できる部分には光を当てるようにしています。それが生徒の陽性感情を引き起こし、面接全体をスムーズなものにしたのだろうと思います。

ステップ2　ゴールの設定

(1)　逐語記録

T35　**あと何回か面接をするよね。それでたぶん1、2か月後には終わるんだけど、その時にあなたは、どういうふうになっている、どういう生活をしていることを望みますか？**

S35　‥‥早寝早起きができて、健康で、あと、中間テストががんばれてて、点が良くて、あとは何だろう、意志が変わってないことが理想です。

T36　**あとは？　他にある？**（メモを取っている）

（中略）

S40　私の親も、お母さんのほうが短気なんですよ。だから、それをうまくやりくりできればいいなぁ、って。

（中略）

T42　じゃあ、**この状態**(「早寝早起き」「テスト頑張る」「意志変わらず」等の**メモを指さしながら**)**だったら、勉強どのぐらいしてると思いますか。**

S42　うーん。勉強は、3、4時間ぐらいできることが理想だけど。

（中略）

T52　**じゃあね、早寝早起きをして、勉強も、たまにやらない日もあるかもしれないけど、毎日2、3時間ぐらいやって、テストもがんばっていて、っていう状態だったら、お母さんとの関係はどうなりますか？**

S52　あっ、「あの子もちゃんとやってるんだから、私もちゃんとやる」っていう感じになると思います。

（中略）

T56　なるほど。じゃあ、**こういう生活**(「早寝早起き」「テスト頑張る」「意志変わらず」)**になると、友人関係とかはどうなりますか？**

S56　あんまり、遊べなくなっちゃうんじゃないかな。

T57　そういう子たちと遊べなくなる。それは悲しいですか？

S 57　はい、悲しいです。
T 58　じゃあ、どうしましょうか。こういう生活になると悲しいこともあるわけだけど、それでもいいんですか。
S 58　あのー、これは、自分のためだから。時間のあるときは遊ぶ。
T 59　よく遊び、よく学べだね。じゃあね、もう一つ質問ね。**面接が終了した時点で、こういう生活になったらこの上なくうれしいというのが10段階評価の10点、全然望まないっていうのを１点だとしたら、この今言った生活は何点ぐらいですか？**
S 59　‥‥8。
T 60　8点ね。じゃあ、あと２点足りないのは、何が加わればいいですか。
S 60　ああ、お小遣いが足りない（笑い）
T 61　（笑い）それは、じゃあ、お小遣いが上がれば10点になりますか？
S 61　はい、なりますね。それは仕方のないことだから。（笑い）コレが理想ですね。

⑵　介入の分析

　ここでは、面接のゴールをなるべく具体的に描こうとしています。T 36、42、52、56の質問は、解決像を広げていくための質問です。T 42は、この面接が進路学習相談になると思ったので、そちらの方向へと話を進めてみたわけです。また、T 52の質問は、面接の最初のほうでも親との関係の話がでてきていますし、S 40でも母親との葛藤が予想されたので、その葛藤が問題解決後にどうなるかを聞いてみました。ただ、ちょっと突っ込みすぎかもしれません。
　S 56の発言は、今描いているゴールに到達したときに失うものもあることを示しています。カウンセラーとしては、『友人関係を壊すぐらいならもとの生活がいい』となっては困るので、もう少し現実的なゴールを描いてほしくてT 57・58の質問をしています。結果として、S 58以降、かなり現実的でいい感じのゴールが描けたので、私としてはホッとしています。

S60・61は、問題の解決像を描く過程が楽しい時間だったのでしょう、由岐のほうが面接を楽しんでいます。問題が改善した状態をイメージすることが、カウンセリングへの動機付けとして作用しているとも言えるでしょう。T59からは、スケールを使ってゴール像の修正をしていますが、ここでは、特に修正の必要はなかったようです。

ステップ3　モニタリング──現在位置の点数化

(1)　逐語記録

T62　じゃあ、別の角度から質問しますが、**こういう状態を10点、こういう状態の逆で最低最悪っていうのを1点としたら、今の状態は何点ぐらいですか？**

S62　‥‥7。

T63　7点。そうだよね。結構やってるよね。これが、**あと1点増えて8点になったら、どんなことをしてるでしょうか？**

S63　はい。プラス1点で、勉強時間が増えてる。

T64　うん、どのぐらい増えてる？

S64　うーん、プラス1時間か、30分ぐらい。

T65　プラス1点だからね。10点になった時じゃないよ。1点だけアップしたときだからね。

S65　はい。うーん、30分。

T66　30分ね、はい。**あとは？**

S66　うーん（イメージが浮かばない様子で、沈黙が30秒近く）

T67　**進路関係なんかはどう？**　早めにはっきりさせたいところじゃないの？

S67　学校をを詳しく調べたり。これは0.5点ぐらい。

　　　（中略）

T71　**お母さんとの関係とかは、あと1点アップしたらどうなりますか？**

S71　多分、穏やかになれるから、優しくなれると思う。

(2) 介入の分析

　T62のスケーリングは、現状を点数化するためのスケーリング質問です。T63以降は、「プラス1点像」を描くための質問です。それ以降は由岐の「勉強時間が増える」という抽象的で大きな目標を、具体的で小さな、達成可能な目標に細分化しようとしています。

　T67やT71は、なかなか「プラス1点像」が広がらなかったので、多少こっちがリードした形で「関係性の質問」をしました。時間があればもう少しイメージをふくらませたいところでしたが、時間切れとなったので、この辺で終わりにしています。

ステップ4　ブレイク(対処方法の検討)

(1) 逐語記録

T76　何か、質問とか、話し落としたこととかありますか。
S76　ないです。
T77　じゃあ、2、3分、時間をとります。その間に、面接を振り返ってみてください。あと、今後のことについてすこし考えていてください。

(2) 介入の分析

　T76の質問では、ここまでの会話の中でゴールに向かう協働関係が深まっていれば、何らかの問題が出てくることもあります。また、ブレイクは自己観察の時間であり、自己調整能力を刺激するための時間でもあります。T77は、自己観察と自己調整を刺激するための質問です。

ステップ5　面接のまとめ

(1) 逐語記録

T79　自分の生活をいいほうにコントロールできているのは見事だなという感じでした。実際、授業とかもちゃんとやって理解できるようになってきているみたいだし。英検の勉強もしてるし、本当によくやってると思うよ。それから、看護婦になるというのも、ある意味で、体が弱かったっていうマイナスの体験をプラスに変えるっていうのは結構大変なことだよね。自分のこと、「イヤだなぁ」って思ったりしたことなかった？

S79　ありました。

T80　それを、よくプラスのエネルギーに変えることができたというか、えらいというか立派というか、自分の弱さとかはなかなか受け入れにくいと思うんだけど、そういう力を持っているんだなぁと思いました。

S80　はい。

T81　で、あと4回の目標なんだけど、ここに書いたことでいいかな。早寝早起きをして、健康を保ちながら、勉強を2、3時間、中間テストもがんばって、進路に向けてやっている。それから人間関係でものびのびやっているということで。どうですか、この目標は？

S81　ああ、いいですね。

T82　じゃあ、コレでいいですね。じゃあ宿題なんですけども、プラス0.5点か1点って言った30分勉強とか、進路を調べるとか、その中のどれでもいいからやりやすいやつ一つを、2回か、二つを1回やってみてください。

(2) 介入の分析

由岐の感想と考えを聞いた後、T79・80で肯定的評価の伝達をしています。

T80の言葉は、由岐にはかなり響いたようで、S79・80の発言は、短かいけれど非常に深い感情をともなった言葉でした。2人の距離が急に縮まった感じがしたのを憶えています。

T81では面接目標の確認を、T82では提案をしています。由岐の場合は、動機付けが高いと思われたので、提案ではなく宿題にし、「30分の勉強」もあえて細分化しませんでした。ただ、今考えると、すこし引っ張りすぎのような気がしています。10分か15分ぐらいに細分化したほうがよかったかもしれません。

2　第2回面接(変化の拡大ステージ)

第2ステージは、変化の拡大ステージです。このステージは、肯定的変化をいかに探し出すかが重要なポイントになります。

ステップ1　安心感安全感の獲得(歓迎)　　（省略）

ステップ2　ゴールの確認

(1) 逐語記録
T1　じゃあ、2回目ということで。前回の面接で、早寝早起きをして勉強をがんばって、ということだったよね。他に何か修正したいこととか、付け足すこととかがありますか？
S1　いえ、特に。それでいいです。
T2　では、そういうことで、面接を始めましょう。
S2　はい。

(2) 介入の分析
面接の冒頭で、面接目標の確認をしています。通常のカウンセリングと

ちがい、目標をはっきりさせ、そこに向かって協働作業をしていくことを確認し、面接を方向づけています。ここでは初回面接で由岐が言っていた母子関係の改善等に触れるのを忘れていますが、かえって触れないほうがよかったかもしれません。

ステップ3　モニタリング

(1) 逐語記録

T3　どうだったかな。**何かいい変化はありましたか。**

S3　早寝はちゃんとできたわけじゃないんですけど、早起きはできました。

T4　早起きができた。どのぐらいできたの？

S4　日数はその期間ずっと。

T5　え、本当！　すごいね。**どうしてできちゃったの？**

S5　寝る時間を早くしたんですよ。

T6　何時ぐらいに起きてたのが何時ぐらいになったの？

S6　7時半ぐらいだったのが6時半に。

　　（中略）

T11　**なんでできるようになったんでしょうか？**

S11　前は、タラタラ動いてたんですよ。でも、「決めたことはすぐに動こう」って決めて、そうしたら時間とかもスムーズに行くようになって。

T12　ほうほう。「タラタラ動かないで、決めたらすぐに動こう」と。思っただけで動けたわけ？

S12　時間がもったいないと思うようになって。

　　（中略）

T24　じゃあね、**あとこれ以外に、どんな小さなことでもいいんだけど、何か変化があったかな。ちっちゃ〜なことでいいよ。**

S24　あったかなぁ。‥‥ないですね。

第3章　事例

T25　よく考えてみてください。
S25　う〜ん。……(沈黙)
T26　**早起きをしたことで、何か変わったこととかある？**
S26　う〜ん。あっ、遅刻をしなくなった。
　　　(中略)
T38　**あと、家でのお母さんとの関係とか何かいい変化はありますか。**
S38　あっ、すごいうるさくは、言わなくなった。
　　　(中略)
T43　なるほど。親も自分もお互いイライラしないのね。**クラスではどう？**
S43　「どうしちゃったの？　まじめになったねぇ。前と正反対だよ」とか言われて。(笑い)
　　　(中略)
T45　うんうん。中間テストは自分でもいいできだったわけ？
S45　はい。先生にも「今までで一番いい点数だったんじゃないか」って言われて。

(2) 介入の分析

　前半でよい変化を聞いたところ、「早起き」という変化が報告されたので、その変化の輪郭を明らかにし、その変化の原因を自己に帰属させるための介入をしています。

　ちょっと苦労したのはそれ以降で、由岐には、生活習慣の改善、遅刻の減少、家族関係の改善、学習成績の改善といった変化がすでにあるにもかかわらず、しばらく時間をあげても、「早起き」以外の変化に気づかないのです。

　そこでカウンセラーは、すでに確認されている肯定的変化を手がかりにしたT26の質問をし、T38・43で考える領域を区切ったところ、本人がまだ自覚していなかった成功や肯定的変化がでてきています。ここでは省略して

いますが、引き出せた成功や変化については、一つずつ変化の輪郭を描き、由岐がどのようにその変化を生み出したのかを明らかにすることに取り組んでいます。

ここで、もしカウンセラーが肯定的変化の発見につとめなければ、由岐は、これらの変化を意識化することもなく、おそらく、これ以降の面接の効果は半減していたと思われます。

ステップ4　対処方法の検討（サポートの獲得過程とプラス1点像の作成）

(1)　逐語記録

T51　じゃあ、質問なんだけど、いま、いい調子なのでこのままの調子を続けていっていれば、これからの1週間、どんなことが起こりそうかな。

S51　英検がもうすぐあるんで、明日から朝の補習があるんですよ。朝、7時からなんですけど。それに休まないで来られたらいいですね。
（中略）

(2)　介入の分析

カウンセラーは「モニタリング」が終わったので、「対処方法の検討」に入っています。

T51でプラス1点と言っていないのは、由岐の努力がかなり高いレベルにあるので、「プラス1点」を要求するのは頑張らせすぎになり、「この調子」で十分と考えたからです。

また、カウンセラーは対処方法の検討が進んだら、〈その小さな目標を実現するには、どんなサポートを生かしたらいいと思うか〉という「サポートの取り込み」を意識した質問をするつもりでしたが、由岐はカウンセラーが問う前に、補習という学校資源を活用するつもりと述べたため、予定していた質問はしませんでした。

この後、本来であれば対処方法の検討をさらにするのですが、由岐の場

合、モニタリングに時間がかかったことと、すでに起こった早起きや家族との関係改善を継続すること自体が「身近な小さな目標」となると思われたので、ここではこれ以上の時間をあまり割かずに、次に進んでいます。

　肯定的な変化が少なかった場合には、当然、この段階を第1ステージと同様に、ていねいに行う必要があります。

ステップ5　対処方法の選択（ブレイクと面接のまとめ）

(1)　逐語記録

T52　じゃあ、**これから2、3分休憩を取るので、その間に二つのことをやってください。一つは面接を振り返ること、もう一つはこの1週間、どうやってすごそうかなぁっていうことを考えてください。**

S52　はい。

　　　（ブレイク2～3分）

T53　気づいたこととか、考えたこととか、何かありますか。

S53　決めたこととを実行したいです。

T54　はい。（メモをしながら）OKです。僕のほうからですけど、この10日の間に、「こうなれたらいいなぁ」って前回言ってたことを、ほとんど全部やっているような感じがしてるんですけども、感想としては、周りが認めるほどきっちり行動しているというのは、変化が小さくない証拠だと思うんだよね。それは君が、自分のいままでの状態を変えようという意欲をちゃんと行動に移せてる点は、すごく、評価ができるんではないかと思いました。しかも、さっき「慣れる」っていう言葉を使ったけども、人間、慣れるまでやるっていうのは大変なことで、早起きも1日ならできるけど、続けるのが難しいんだよね。それを継続しているのはすごいよね。で、**この状態を維持していくのに必要なことは何だと思いますか？**

S54　必要なことは、人に惑わされないで、たとえば、自分の予定があった

ときに、「今日、どこどこ行かない？」って言われたときに、「いいよ」って言わないで、自分の予定をやり通す。
T55 うん。それは大変なことですか？
S55 あー、大変かもしれない。「ダメ」って言いにくい性格なんですよ。
T56 なるほどね。じゃあ、あんまり無理しないで、今の調子で、早起きとか、英検の勉強とか、朝の補習とか続けてください。できる範囲でいいからね。
S56 はい。ありがとうございました。

⑵ 介入の分析

「決めたことを実行したい」という由岐のことばは、ブレイクの間に由岐が何かを考え、それを実行に移す決心をしていることが推察されます。実際、由岐は第3回面接までにあらたな行動を起こしており、このブレイクが有効に作用していることが分かります。カウンセラーとしては、その内容を確認してもよかったかも知れませんが、ここではしないほうがいいと思ってサラッと流しています。

T54では、肯定的事実を確認しています。補習に参加するという社会的サポートを有効に利用する能力を肯定的に評価しておけばもっと良かったかもしれません。

課題については、T55・56ではややブレーキをかけ気味にして由岐が述べたことを繰り返しています。由岐のかなり頑張っている状態から判断して、何か新しい課題を出すよりは、今の状態を維持することが大切と考えたからです。

3　第3回面接（変化の拡大ステージ）

ステップ1　安心感安全感の獲得（歓迎）　　（省略）
ステップ2　ゴールの設定と確認　　（省略）

ステップ3　モニタリング

(1)　要約
「英検の補習に全部出るはずだったんですよ。でも、雨とか降っちゃって、面倒くさくなっちゃって、結局、雨の日は行かなかったんですよ。それがちょっと心残りかな」
と言う。結局、補習の参加は2勝1敗ぐらいのペースとのこと。
〈今までだったらどのぐらいのペースだったと思う？〉
と私が質問すると、
「今までだったら1回行ってあとは面倒くさくなって行かないと思う」
と返答。
生活が改善していることは、家族関係の好転につながり、姉から「うちの家系は天才ではないけれど秀才にはなれる」と心理的に援助される。カウンセラーも、少なくとも由岐が十分な能力を持ちあわせているはずと姉の発言を支持したところ、
「そうなんですか。それじゃあ、成績がいいか悪いか、大学に行けるか行けないかは、やるかやらないかの差？」
〈うん。そうだと思うよ。確かに〉
「そっか。そうなんだ」
という会話に発展。
　また、由岐は、通学電車の中やアルバイトの空き時間に勉強をするようになった。早寝早起きと健康のために駅まで歩くことは継続している。

(2) 介入の分析

英検補習について、由岐は雨の日に欠席したことでマイナスの評価をしていました。しかしカウンセラーが以前の状態と比較するように質問したところ、以前よりは前進していることに由岐自身が気づきました。それは、由岐の自己評価を高めることにつながったと思われます。

また、姉の発言は由岐に対する心理的な応援であり、家族関係の改善を示唆しています。また、由岐は自分の悪い学習成績の原因を、能力の欠如に起因させがちでしたが、姉の発言やカウンセラーの介入によって、学習成績は努力に起因すると原因帰属を変えたことや、自己の能力について肯定的な評価をするようになりました。これはその後の由岐にとっては重要な変化だと思います。

さらに、通学途中での学習や健康的生活の継続は、生活全般にわたる変化が引き続き起こっていることを示しています。

認知のモニタリング

このステップは、本来は面接後期に行うステップですが、由岐の変化が早かったために、この段階で行ってみました。

(1) 逐語記録

T19 質問をしますけども、最初の面接から、もう3週間ぐらい経ってるんだけども、**その間で「自分って、意外とこういう面があるんだなあ」って思ったこととかはありますか？**

（中略）

T23 それも続いてるんだ。すごいね。**こういうこと(早寝早起き、主体的学習など)ができるようになったことを通じて、新しく自分のどんな面に気づきましたか？**

S23 ‥‥やれば分かるもんだなぁと。

T 24　それは自分の能力に少し自信が出てきたということ？
S 24　はい。
T 25　**前は自分についてどう思っていたの？**
S 25　「どうでもいい」っていう感じ。
T 26　自分の能力とかについては？
S 26　あっ、「バカです」とか「勉強はできない」とか思ってました。
　　　（中略）
T 28　うん、なるほど。**他にはあるかな？**
S 28　昔は病弱だったけど、最近は健康的になったから、そんなに弱くないと思うようになったかな。
T 29　昔は病弱だった。
S 29　昔は、『私は弱いんだ』って。
T 30　それは、精神的に？　それとも身体的に？
S 30　両方あるかも知れない。
T 31　分かりました。今は弱くない？
S 31　うん、今の自分は。あ、でも、流されやすいところが完璧に直っているわけじゃないから。強いっていうわけでもないけど。
T 32　**じゃあね。ちょっとここを（メモを指さして）読んでみてくれる？**
S 32　はい。「やればできる人間だ、健康な人間だ、精神的にも身体的にも弱くない」
T 33　どう、読んだ感じは？
S 33　この言葉に責任がとれるかな‥‥。
T 34　うん。分かりました。でも、君とのつきあいは、3回目だけど、少なくとも、その間の君はそうだと思うけど。
S 34　そうかな。そうかもしれないな。ちょっと自信はないけど。

(2)　介入の分析
　　T 19 で認知的変化を聞いてみましたがうまくいかず、T 23・24 で肯定的変化

を確認した上で、T25で再び肯定的認知変化を問う質問を繰り返しています。T29は、肯定的思考を確認したうえで、従来の思考パターンを確認しています。

由岐の言葉からすると、これまでの由岐は自分について、「私はバカである」「私は勉強ができない人間である」「私は弱い人間である」と考えていたようです。しかし、徐々にですが、面接の過程で「私はバカではない」「私は勉強を理解できる」「私は弱い人間ではない」という認知に変わりつつあることが分かります。

ただ、S33・34のやや自信のない発言からすると、この認知の修正はやや時期尚早で、やはり第4回面接以降のほうがスムーズにいったかも知れません。

ステップ4　対処方法の検討

由岐は、この第3回面接でも、通学電車の中などでの勉強、早寝早起きと駅までの徒歩、家族関係の改善など、前回よりもさらに前進が見られました。そこでカウンセラーとしては、プラス1点像を描くよりも、現状を維持すること自体が「身近な小さな目標」となると考えました。そこで、ここではほとんど目標の細分化と具体化は行わず、次の段階に進んでいます。

由岐の場合、この「対処方法の検討」の段階をとばしたことのマイナスは特にありませんでしたが、普通は、「プラス1点像」を描くようにします。

ステップ5　対処方法の選択（ブレイクと面接のまとめ）

(1) 逐語記録

　　（中略。ブレイクが終わって）
T36　どうですか。何かありますか。
S36　今できていることを続けて、ちょっとした小テストとかの勉強をでき

るように。
T 37　うん。小テストとかね。小さな努力っていうことだね。
S 37　はい。
T 38　じゃあ、僕のほうから。すごく変化していると思います。さっき「やればできる人間だ」「健康な人間だ」「精神的にも身体的にも弱くない」っていうのを読んでもらったけど、この3週間の君は、確かにこうだと思いました。それと、これからのことについては、とりあえずこの調子でOKだと思います。
S 38　はい。
T 39　じゃあ、終わります。
S 39　はい。ありがとうございました。

⑵　介入の分析
　ブレイクの後のS 36の発言は、由岐自身が「身近な小さな目標」を設定していることを示しています。これは由岐の自己調整能力の向上を示唆するものとも考えられます。
　ところで、何らかの提案や課題を出すことは、場合によっては、「あなたの変化は不十分である」という否定的なメッセージとして受けとめられる危険性をはらんでいます。これに対して、「この調子で」という発言は、「あなたは十分な変化を起こす力があり、すでにそれを起こした」というメッセージを裏に含んでいます。
　したがって、ある程度の肯定的な変化がすでにある場合は、むしろ提案をしないほうが、結果として自己効力感に有効に作用する可能性があります。T 38の「この調子で」(Do More)というコメントは、具体的な変化を引き起こそうとするよりは、自己効力感に働きかけることを意図した発言です。

4　第4回面接(再統合ステージ)

ステップ1　安心感安全感の獲得(歓迎)　　（省略）
ステップ2　ゴールの設定と確認　　（省略）

ステップ3　モニタリング

(1)　面接の要約
　英検補習は行くのをやめて、代わりに、「問題集があるんですけど、それを全部、内容を理解したやつを自分なりにノートにまとめるようにしています」という。家族関係について話題を振ると、「なんか家で、家族関係みたいのが、穏やかになった」「みんなが落ち着いたっていう感じ」で、親も兄姉も「なんか投げやりっていう感じで態度とかが前は冷たかったんですよ、でも、いまはそういう感じではなく」なっているという。その原因については「前は、私がめちゃくちゃのことばかりしてたから、みんなもいらいらしてるっていうのが多分あったと思うんですよ。でも、そういうのを直したから」と述べる。

(2)　介入の分析
　第2回面接まで、由岐の口からでてくる言葉は、家族との葛藤、自己否定、将来への閉塞感などで、生活の中にある肯定的な部分には、それがあったとしても、気づくことはできませんでした。しかし、第3回、第4回と進むにつれ、由岐は、カウンセラーが問わなくても、自己の肯定的な部分を次々に発見し報告するようになりました。また、自己の行動が家族関係に及ぼす影響についても冷静に分析しています。
　これは、自己の行動とその結果との相互作用を由岐が観察できていることを示しています。これは、実際の肯定的変化以上に重要なことかも知れ

ません。

認知のモニタリングと修正

(1) 逐語記録

T22 何か自分についての見方とかが変わった点があるかな。この1週間じゃなくて、面接全体を通じてでもいいよ。ちょうど1か月ぐらい経つけど。

S22 あっ、自分に対して、あんまり否定的じゃなくなった。

T23 自分に対して、あんまり否定的じゃなくなった。これは大きいですね。**いままではどうだったの？**

S23 なんか、悪いほうに考えてたんですよ。

T24 今はどういうふうに考えるの？

S24 そういうふうに悩んでても、別に悩んだからといって解決するわけじゃないから、それだったら、いいほうに考えたほうがいいんじゃないかなぁって。

（中略）

T27 どうしたら、こういうふうに考えることができるようになったわけ？

S27 友達とかでも、愚痴とか言うことがあるじゃないですか。でも、愚痴は愚痴で終わるし、それで何かが解決するわけじゃないじゃないですか。だから、そういうことを言ってるんだったら、解決するほうを、解決っていうか、できるほうを先に行動したほうがいい。

T28 ああ、行動したほうが。「行動する」っていうことがポイント？

S28 うん。解決策が見つかったら、すぐに行動したほうが。

（中略）

S31 あと、時間に厳しくしたんですよ。

T32 時間に厳しくした。

S32 うん。

T33 それはどんな効果がありましたか？
S33 授業に集中できるようになった。

(2) 介入の分析

前回の面接までは、行動についての質問には答えられても、認知について質問をすると返答に時間がかかりました。しかし、今回はよどみなく返答することができています。これは由岐のモニタリングの対象が、行動だけではなく認知にまで拡大したことを意味しています。実際、由岐のことばからは、由岐のセルフコントロールの対象が行動だけではなく、考え方にまで及びつつあることが理解できます。

ステップ4 対処方法の検討（チェックポイントの提示と目標の細分化）

(1) 逐語記録

T42 じゃあね、質問をしますが、実は進路を実現するには三つの要素があってね、一つは自分のことをどれだけ理解しているか。自分の興味とか適性とかね。それから進路先の情報とか、入りやすさとか、卒業後の就職状況とかの進路についての情報をどれぐらいつかんでいるか。それから啓発的体験っていうんだけど、たとえば、実際に行ってる先輩の話を聞くとか、仕事を見せてもらうとか、体験入学とか、そういうこと。この自己理解と進路情報と啓発的体験があれば、一応、自分の進路を考える材料がそろったということになるんだけど。で、今の自分の自己理解の状態を10段階で評価すると何点ぐらいかな？
S42 7点ぐらい。
T43 7点ね。はい。じゃあ、進路情報は？
S43 7。
T44 7ね。はい。じゃあ、体験的な部分は？
S44 5。

T45　5ね。じゃあ、この三つは今の段階として、だいたいいい線ですか。それとももうちょっとという感じですか。まあ、体験入学なんかは、いまは無理で、やるとしたら夏休みとかになると思うんだけど。

S45　そうですね。

T46　うん。じゃあ、**今からもう少〜しだけ前に進んでいくとしたら、どんなところが変わっていくと思いますか？**

S46　うーん。期末テストをがんばる。

T47　期末に向かってがんばっている。**具体的にどういうふうになっていれば、がんばっているということ？**

S47　授業は内容を全部理解して、テスト勉強をがんばる。

T48　授業は内容を全部理解して、テスト勉強をがんばると。あとはなんかあるかな。もう、今のままで十分にいいんだけど、こんなことをやったら、いいほうに行ってるかもしれないなっていうようなことは？

S48　英検の勉強を、納得のいくところまでやる。

　　　（中略）

T51　OK、わかりました。最後に一つ質問ね。**今の状態を維持して行くには、どんなことが大事だと思う？**

S51　自分という人間をちゃんと理解して、人と同じじゃなくちゃいけないという考えを捨てられてたら。

⑵　介入の分析

　T42の介入は、この面接が看護婦になるという目標に向かうための面接なので、進路実現に向かうために、第2章で説明した「チェックポイントの提示法」を使って進路発達に必要な枠組みを提示しています。これは一つの情報的サポートであり、由岐がこの枠組みを利用することで、進路発達の分野でもセルフコントロール能力を発揮してほしいと期待しているわけです。

　T46以降は、小さな具体的な目標を作成するための質問です。これに対す

る由岐の返答は、さほど具体的にはなっていません。このような返答に対しては、ほとんどの場合は、もう少し具体化しますが、由岐には具体化して行動する力があるため、この程度の抽象度の高い返答でも大丈夫だろうと判断して、これ以上は突っ込みませんでした。

T48の「もう、今のままで十分にいいんだけど」という前置きは、自己効力感への配慮です。T51は「セルフコントロールするにはどうすればいいか」という質問ですが、そのためには前提として自分を観察することが必要になります。このような質問をすることで、セルフコントロール能力を刺激することをねらっています。

ステップ5　対処方法の選択（ブレイクと面接のまとめ）

(1) 逐語記録

（ブレイクが終わって）
T54　どうですか。感想とか、思ったこととかありますか？
S54　今はこういうふうに、ちゃんとできてるけど、夏休みとかになって、怠けちゃいそうな気がするから、そうならないようにできればなぁって。
T55　そうだね。まぁ、ある程度はいいと思うけどね。あんまり、すごい目標を立てちゃうと大変だからね。現実的なところでね。
S55　はい。
T56　じゃあ、僕のほうからは、まず、いい変化をずっと維持できていて、それはすごいなぁと思いました。それと、今日聞いていて、一番感じたのは、この変化を維持するためのコツを自分なりにつかんでいるところ、それは、由岐の場合には、「すぐに行動すること」と「時間に厳しく」ということみたいだけど、その辺はどうですか？
S56　うん。そうですね。
T57　うん。それをちゃんと実行できているところがいいのかな、と思いま

　　　　した。よく、こういうやり方を自分なりに見つけていると思いました。
　　　　最後に提案ですけど、提案というほどのこともなくて、期末とか、英
　　　　検とかに向けて、がんばる。がんばるというより、このままの調子で
　　　　ふつうにやってください。
S57　はい。
T58　じゃあ、終わります。
S58　ありがとうございました。

(2)　介入の分析

　　S54では不安が表明されています。あまり強いものではありませんが、次回が最終面接でもあり、一種の分離不安と見ることができるでしょう。
　　通常のカウンセリングでは、この不安に焦点化しますが、このモデルでは、不安に着目するよりも、できていることに目を向け自信(自己効力感)を育てたほうがよいと考えます。実際、この場面でも、カウンセラーは表明された不安を意図的に無視して、T56・57で肯定的な側面に視点を向けるように持っていっています。T57での提案も、「この調子で」というメッセージで、自己効力感への配慮をしています。

5　第5回面接(再統合ステージ)

ステップ1　安心感安全感の獲得(歓迎)　　(省略)
ステップ2　ゴールの設定と確認　　(省略)

ステップ3　モニタリング

(1)　逐語記録
T1　じゃあ、前回からの様子はどうですか。
S1　特に変わったことはないです。

T2 じゃあ、いままでどおりに続いている？
S2 はい。
T3 それはすばらしいですね。
　（中略）
S4 化学の期末考査の範囲がすごい長いんですよ。で、ちょっとずつはやるようにしてるんですけど。間に合うか分からない。
T5 うんうん。どういうふうにやってるの？
　（中略）
S11 問題集とか、やったらいいんですかね。小学校の時は、理科とか好きだったんですよ。
T12 面接が終わったら、どんなのがいいか、化学の先生のところに聞きに行ってもいいしね。
S12 ああ、そうですね。
T13 はい。でも、偉いじゃないですか。ちょっとずつ、やってるんですね。

(2) 介入の分析

　ここでは、肯定的な変化が定着していることが分かります。これまでのような具体的な内容を明らかにするような介入はせずにごく短いステップになっているのは、最終セッションで、もうその必要はないと考えたからです。

　また、ここで化学の学習という問題が提示され、面接は本来の流れとは離れました。ただ、これまでの由岐の行動からすれば、この程度の問題は小さい問題のようにも思いますし、実際、S11の発言は、由岐自身が答えをもっていたことを示しています。これは、由岐の問題解決能力の向上を示すと同時に、ひょっとしたら、最終面接をすっきり終わるために、自分の対処方法がいいのか悪いのか、カウンセラーに確認して、自信をつけたいということだったのかも知れません。

　このモデルの基本的なやり方では、サポートの獲得を援助し、さらにそ

れをどう利用したことが問題の解決につながったのかを聞くところですが、このセッションが最終回であったため、かなり直接的な介入になりました。結局、由岐は面接の直後に教科担当者のところへ行き、アドバイスをもらって問題集を手に入れ、期末考査に臨んでいます。

なお、T13では、できていることにスポットを当てています。

ステップ4　対処方法の検討

(1) 逐語記録

T14　じゃあ、ちょっと質問をしますが、面接の最初に「規則正しい生活」っていうのを面接の目標に掲げたんですね。面接前は10点評価で何点ぐらいあげられました？

S14　4点。

T15　4ぐらい。で、いまの状態は何点ですか。

S15　9。

T16　お～！　すごい。びっくりした。9！

S16　(笑い)自分で行動してて、なんか自分らしくない行動してるような気がするんですよ。

T17　ふーん。こういうふうになったコツは何ですか？

S17　「変わらないと」という気持ちを自分に言い聞かせて。
　　（この後、家族との関係が6点から8点に、学習状態が3点から6点になったことが報告される）

T28　こういうふうに考えるようになったことで、何かメリットはありましたか？

S28　自分のことが、あんまり嫌いじゃなくなった。
　　（中略）

T31　うん。じゃあ、ちょっと質問しますが、今の状態を維持していく、あるいはこれを進めていく自信はどのぐらいありますか。

S 32　7ぐらい。
T 33　けっこう高いね。前だったらどのぐらい？
S 33　4
T 34　**4から7になってくるのに、何が良かったんだと思う？**
S 34　私の中での考えが、「自分は自分で、人は人」っていうふうになった。
（中略）
T 40　**いまは比較的調子がいいのかな、それがまたダウンするときもあるじゃない。もし、そういうときがあるとしたら、どんなときだと思う？**
S 40　夏休みとか、行事の後とか。
T 41　こういうときがピンチ？
S 41　なんか、気がゆるんじゃいそうな気がするんですよ。
T 42　なるほどね。ある程度はいい思うんだよ。何でもかんでも、がちがちやる必要はないと思うんだ。でも、まあ、**遊んだりした後も、それに引きずられないでいるとしたら、どんなふうに考えたり、行動していけば、こういうのを乗り越えていると思いますか？**
S 42　夏休みだったら、何日までに宿題を終わらせるとか。
T 43　期限を決めるのね。決めると以外とできるタイプなの？
S 43　はい。一気にやっちゃったりとか。
T 44　ふーん、なるほどね。**あとはどうでしょう？**
S 44　あとは、どうだろう。‥‥うーん‥‥なんか、小さなことでも目標を立てる。
T 46　今日は、これをやろうとか？
S 46　はい。

⑵　介入の分析

　前半でカウンセラーは、まず、面接を通じて得られた肯定的変化を確認しながら、何が良かったのかを自己観察することを要求しています。これは、今後も変化を維持し、安定させるためのセルフコントロール能力を高

第3章　事例　125

めることを意図しています。ただ、肯定的変化を自己に帰属させるような介入が不足気味だったように振り返って感じています。

また、後半のT40以降は、「落とし穴対策」として、今後、悪化したとき、それをどのように乗り越えるかということのリハーサルをしています。

由岐は、今後についての不安を表明していますが、カウンセラーは一切焦点化せずに、そういう事態をどう乗り切るかという視点で会話を続けました。これに対して由岐は、これまでの面接過程で由岐自身が実際にやってきたことを、困難な状況への対応策として述べています。

ステップ5　対処方法の選択（ブレイクと面接のまとめ）

(1)　逐語記録

T50　そうですか。じゃあ、面接をもう終わるけど、何か言いたいこととか聞きたいこととかありますか？

S50　特に、ないですね。

T51　じゃあ、また時間をとるので、その間に、この5回の間にどんなことが良かったのかなぁとか、振り返ってみてください。それと、これでもう面接を終わるわけだけど、これからのことについてもちょっと考えてみてください。

S51　はい。
　　　（ブレイクが終わって）

T52　じゃあ、どうですか。感想とかはありますか。

S52　うーん。なんか、この面接をやっていて、こういうふうに私の目標を言っていることが、私にとってのいいプレッシャーみたいになって、実行できた。

T53　僕がびっくりしてるのはね、（中略）「どんなふうになってたら、由岐はうれしい？」とか聞くと、由岐は「こうなったらうれしい」って言うじゃない。

S55　はい。

T56　そうすると、次の回には、もうやってるんだよね。

S56　はい（笑い）

T57　だから、多分、自分に対して目標を言ってたんだよね。だから、小さい目標を立てるっていうのは、由岐にとっては、とってもいいかもしれないね。由岐は実行力があるでしょ。目標があれば実行できるっていうか。小さな目標を立てていければね。じゃあ、これからのことについては、どうですか。

S57　これからのことは、とりあえず、期末テストに向けて。

T58　小さな目標ね。うん。じゃあ、僕のほうからのコメントね。えーと、電車の中で問題集を見だしたとか、生活スタイルを変えるのはけっこう難しいんだけど、それをやってるし、考え方も、「自分は自分、人は人」とか「解決策を考えて、行動することが大事」とか、そういう言葉で出てきてるし、大変なことを、よくできていると思います。いまの調子で、こういうことを大事にやっていってください。多分ポイントは、「小さな目標」っていうことかもしれないね。小テストを大事にするとかね。

S58　はい、やってみます。ありがとうございました。

⑵　介入の分析

　T50では、最終回なので、面接全体を振り返るように求めています。

　ブレイクの間に由岐の5回分の面接記録をみながら、変化の原因は由岐の実行力にあると、内的資源に帰属させました。なお、これは操作的な言葉ではなく、カウンセラーの実際の印象でもありました。

　T58の「解決策を考えて、行動することが大事」「小さな目標をたてる」と言っていますが、これはカウンセラーの判断ではなく、由岐自身がS44で言った言葉を尊重して使っています。解決は由岐自身の中にあるという発想です。

「今の調子で」というコメントは、自己効力感に働きかけるためのことばです。

由岐の事例を振り返って

初回面接を振り返ると、由岐は、面接が始まる以前から高い進路意識を持っていたことが分かります。ただ、将来への閉塞感、低い自己像、姉への劣等感、親との葛藤などが折り重なって由岐は行動できない状況にあり、その状況への無力感が1年次の数十日に及ぶ欠席の背景にあったと考えられます。面接主題の設定によっては、治療的なカウンセリングの対象となった生徒かも知れません。

その後の由岐ですが、状況は悪化することなく、本人が不安に思っていた夏休みも乗り切りました。面接が終わって約4か月後に自尊感情と自己効力感に関する検査を行ったのですが、面接終了時の検査よりも、予後検査のほうが数値が大きく改善しており、カウンセリングの効果が持続していることが示唆されました。

由岐が、このような良い状態を維持できている背景には、カウンセリングの過程で徐々に伸長していった由岐のセルフコントロール能力の向上があったと考えられるのではないか、と思っています。

さらにその後ですが、結局、3年になる直前まで看護婦になるために頑張っていたのですが、やはり、家の経済状態などを考えて、別の進路を選択していきました。

これはカウンセリングの失敗であると考える人がいるかも知れませんが、私はそうは思っていません。重要なのは看護婦になるという直接的な目標の実現ではなく、そこへの過程の生活の充実であり、人間的な成長にあると思います。実際、由岐の生活は大きく変わり、人間的にも前向きに、たくましく成長しました。進路の変更は、挫折というよりも、より現実的で賢明な選択だったように思います。

ところでこの事例は、動機付けのさほど高くない呼出し面接の事例です。加えて重要なことは、結局、この生徒にかかわった全時間は、わずかに2時間半だったということです。これは、健康度の高い生徒であれば、このモデルによるカウンセリングによって大きく成長するきっかけとなりうることを示していると思われます。
　由岐は、1年の時とは別人のようなさわやかな笑顔で、高校を卒業していきました。

事例2　友達ができず孤立していた優子

> 　優子は高校1年。おとなしい生徒で、入学したときから友達がいません。いつも1人です。表情も暗く、気にかかっている生徒でした。中間テストが終わった6月初旬、定期面談があるので、それを利用して話をすることにしました。成績は中ぐらい。欠席は2日です。

定期面談

T1　（中間考査の話が終わったところで）高校生活はどうかな。先生からみると、ちょっと元気がない気がするんだけど。
S1　‥‥クラスのみんなと、あまり話せなくて。
T2　そうか。もうちょっと話してくれる？
S2　‥‥（沈黙3分）‥‥
T3　相当つらかったみたいだね。
S3　（ちょっと涙を浮かべて。さらに沈黙1分）‥‥高校に入ってから、ぜんぜんうまくいかなくて。クラスの誰とも話せないし、中学校の時もあんまり友達いなかったから、高校では頑張ろうって思ってたんだけど……（涙、涙）

T4 頑張ろうって思って、この2か月やってきたんだ。

S4 (うなずきながら)‥‥でも、ぜんぜんダメ。学校は休んじゃいけないと思って今までは頑張ってきたんだけど、この間、風邪で休むって連絡しましたよね。あれ、本当に熱もあったんですけど、行きたくないって思って。‥‥でもこれ以上休んだら、二度と学校に行けないような気がして、それで2日だけ休んで出てきたんです。‥‥(現状についての話はさらに続く。Tはうなずきながら傾聴)

T5 そうか。本当につらい中でも、学校もほとんど休まず頑張ってきたんだ。

S6 はい。‥‥でもこのままじゃ、学校やめそう。

T6 ‥‥うん、分かった。学校は続けたい。でもつらいんだよね。

S6 はい。

T7 うん、そうなんだよね。‥(沈黙)‥ところで話が変わって悪いんだけど、高校に入ってから、本当に誰とも、一言も話していないのかな？

S7 ‥‥(少し考えて)‥‥吉田さんと前田さんは「おはよう」って言ってくれるから、その時に「おはよう」って言えるときは言ってる。あと、向こうから話しかけてくれれば、聞かれたことには答えている。

T8 そうか。聞かれたときは答えているんだ。あと、挨拶もされれば、ちゃんと返しているんだ。

S8 はい。

T9 あと、中学校の時は友達はいたみたいだけど、その時は友達とどんな話をしていたの？

S9 普通の話。テレビのこととか、3年になってからは受験のこととか。

T10 結構いろいろ話してたんだね？　どうやって会話をうまくやっていたの？

S10 別に普通に。でもあんまり話すほうじゃないから、みんなの周りにいて、聞かれたら話すぐらい。

T11 なるほど、みんなの周りにいて聞かれたら話すんだね。そうすると話

せるんだ。
S12 はい。
T13 ちょっと話は変わるんだけど、今はみんなとうまくいっていなくてやめたいぐらいつらいけれど、でも本当は卒業したいと思っているんだよね。
S13 はい。
T14 じゃあね、これから何回か面接をするとしてね、いろいろ話をするよね。その中でちょっとずつ分かってくることとかが増えてくるよね。でしばらくして、何となく出口が見えてきて問題が解決したとするよ。そうなった時には、今とどんなふうに違うかな?
S14 (少し考えて)中学校の時みたいにみんなと話をしている。
T15 うん、そうなるとどんなふうに生活が変わってくるかな?
S15 気持ちが明るくなって、学校に来るのが嫌じゃなくなる。
T16 なるほど。他にはどんなことが起こるかな?
S16 勉強とかにも身が入るかも知れない。
T17 なるほど勉強に身が入るか。じゃあそうなると‥‥(同様の質問をいくつか続ける)‥‥
S17 ‥‥(質問に答えながら「問題解決後の状態」を描いていく)
T18 じゃあ、今まで答えてもらったような状態を10点満点とすると、今の生活は何点ぐらいかな?
S18 ‥‥3点ぐらい。
T19 3点ね。じゃあ3点分って何?
S19 一応休まずに来ているし、中学校の時はちゃんとできてたし、あと、ちょっとだけど話しかけられれば話をしている。
T20 そうだよね。休んでないもんね。それに中学の時はできてたしね。で、ちょっと質問なんだけど、3点がほんのすこーしだけ上がって4点になったときには、今とはどんなところが違ってくると思う?
S20 4点ですか。ウーン。いつも下を向いてるけど、顔が少し上がって‥

‥（以下、続く）

4点の状態をイメージした後、2分間ほどの休憩をとり、その間に私は優子の頑張っている部分やできている部分、それを可能にしている優子の強さや資質を整理し、休憩後にそれをメッセージとして優子に伝え、また、1週間後に第2回目の面接をすることを約束して面接は終了しました。

第2回面接

1週間後、優子と約束した2回目の面接です。「何か変化はあった？」という私の質問に、初めは「何もなかった」と言っていた優子でしたが、1週間の様子を聞いているうちに、吉田さんと前田さん以外の名前が出てきているのに気付きました。本人も自覚していない様子です。そこで確認したところ、「そういえば」といくつかのことを報告しはじめました。

まず、前回の面接が終わってから、『そういえば中学校の時はもう少し話ができた。中学校の時はみんなの輪の中にいたことが良かったかも知れない。今は輪の中には入れないけれども、吉田さんと前田さんがいれば、その話の輪の脇にいることぐらいならできるかも知れない』と思ったそうで、それを何回か実行してみたそうです。

あるとき、優子が話の輪のそばにいると、クラスメートの岸川さんが、たまたま話の流れの中で優子に同意を求めてきたのでうなずいたりしていたそうです。その後、トイレで岸川さんと会った時、向こうが「おはよう」と挨拶してきたので、返事にちょっと工夫をして「おはよう、暑いね」と時候の挨拶を付けたところ、会話が成立したということを報告してくれました。

第2回面接の最後では、うまく工夫をして《輪のそばにいる》というアイデアと《時候の挨拶》というアイデアはお見事！　というコメントをして終わりました。

第3回面接

第3回目の面接は、変化がさらに拡大していました。表情は明るくなり、

出てくるクラスメートの名前も増えました。
　「すごいね」と言ったところ、優子は「話すのは苦手だけど、質問ならできるから。聞くのは得意だし、質問するといろいろ答えてくれるからおもしろい」と言いました。これを私たちは《質問作戦》と名付けました。

第4・5回面接

　4回・5回の面接は2、3週間あけて、時間も15分ぐらいのものでした。短い時間の中で優子は、小学校時代にいじめを受けたことや、自分の家族問題と自分の問題を関連づけて語り、「人に対して臆病だった。自分で壁を作っていた。でももう大丈夫。人を信じることが大切」と語るようになりました。
　優子はその後も元気に学校生活を送り、希望の進路に合格して高校を卒業していきました。

優子の事例をふり返って

　後で知ったことですが、優子は中学校でも人間関係が苦手で、先生方から配慮されてきた生徒だったようです。背景には優子の複雑な家族関係と、小学校時代に受けたいじめがあったと思われます。
　それでも中学時代には面倒見のいいクラスメートがいましたので、何とかやってこれましたが、誰も知っている人のいない高校ではつまずいてしまったようでした。
　優子への援助の仕方として、話をじっくりと聞きながら、その心の傷を癒すとともに、優子が自分の抱える問題に気付き、その問題を乗り越えているのを援助するというアプローチも当然可能ですし、一般的なカウンセリングではそうするのかも知れません。
　ただ、この面接では、優子の過去の問題には一切触れていません。私が面接の中で注目したのは、「欠席はほとんどしていないこと」「学校生活への

前向きな気持ち」「「中学校時代にうまくいったこと」「話しかけられれば話せること」といったことであり、それを言葉にして優子に投げ返しています。

　2回目以降の面接では「小さな変化」に着目して、その過程を丹念に聞く中で《輪の側にいる》《時候の挨拶》などの優子ならではの問題解決のアイデアを浮かび上がらせました。つまり、質問を繰り返す中で優子自身に問題解決の力があることを明確にしていったわけです。そして、それが次の新たな変化——たとえば《質問作戦》による友人関係のいっそうの広がりと積極的な高校生活——を引き出しています。

　面接の終結期には、優子は自分自身の問題を深く洞察しています。カウンセリングの世界では「洞察が新たな変化を生む」という考え方が一般的であるように思いますが、このモデルによる面接をしていると、「新たな変化が洞察を生む」事例にいくつも出会います。問題の渦中から抜け出すことで自分や状況を客観視できるようになるからでしょうか。優子の場合もそうでした。

　このモデルで面接をするようになってから、子どもたちが思わぬ力を見せてくれる場面が非常に多くなったように感じています。優子の《輪の側》《時候の挨拶》《質問作戦》など、私には思いもよらないアイデアでした。まさに子どもたちは自分の力で状況を打開していくのです。このようなことが起こるのは、このモデルが子どもを信頼し可能性を信じる姿勢に貫かれたアプローチであることが反映しているのではないかと感じています。

事例3　部活動がうまくいかないキャプテン明

　学校での生活の中で、1人の生徒のために30分の時間をとることは、実際にはかなり難しいものです。しかし、30分というまとまった時間はとれなくても、ちょっとしたかかわりの中で、解決志向アプローチのエッセンスは、かなり生かすことができます。ここでは、ちょっとしたかかわりを

二つあげました。

> 明は高校2年。3年が引退したあとテニス部の部長になりました。しばらくは張り切ってやっていましたが、最近、ちょっと元気がありません。

T1　最近、部活動の方はどうだ？
S1　なんか、ダメです。うまくいきません。
T2　そうか。もうちょっと話してくれるか？
S2　3年が引退したすぐ後は、みんな気合いが入っていて一生懸命練習していて、オレも結構、部長としてうまくやってたんですよ。
T3　うんうん。
S3　でも、顧問もあまり練習に出てこないから、だんだんみんなダラダラしちゃって。『部長として何とかしなくちゃ』と思うんだけど、ぜんぜんうまくいかなくて。先生、どうしたらいいっすか。
T4　どうしたらっていわれてもなあ。困ったなあ。明はどんなふうになったら満足するんだ？
S4　そりゃあ、みんながさぼらないで一生懸命やってくれたら満足ですけど。
T5　なるほど。じゃあ、そうなったらどうなる？
S5　うちの部活、結構うまい奴らもいるから、県大会ぐらいはいけるんじゃないかと思いますけど。
T6　なるほど。そりゃあいいね。あとはどんなことが起こったら満足する？
S6　あとは、う〜ん。練習中にみんな声を出して、気合いが入った練習ができたら、気分いいですね。あとは‥‥（いくつか例を挙げる）
T7　なるほど。そうなったらいいな。そうなったら明も部長として気合い

第3章　事例　135

が入るだろう。
S7　まあ、そうなったらいいっすね。
T8　じゃあさ、そういう方向に少しずつだけど部活が変わっていった時には明はどんなふうになる？
S8　う～ん、そうだな。イライラしなくなるかな。
T9　なるほど。じゃあ、オレがコートの脇でみているとしたら、明が今よりイライラしなくなったのは、明のどんなところから分かると思う？
S9　そうっすね、部員とかに怒るのが減って、「ナイスプレー！」っとか「ファイト！」とかいう声が多くなっているかも知れないっすね。
T10　なるほど。じゃあ、そういうふうにしたときには周りにどんな影響が出るかな？
S10　そうしたら、みんなもそういう声を出すようになるかも知れないっす。「声を出せよ！」って怒るんじゃなくて、自分が声を出せば。

明の事例の解説

　最近の明はどうもパッとしません。そこで水を向けてみたところ、「なんかダメです」といきなりのSOS。そこで、とりあえず話を聞こうと言うことになりました。
　解決方法のアイデアを求める明に対して、T4では「解決後の状態」を質問しています。T5～7はその状態を明確にするための質問です。ただ、この段階での明は、「部員が変わること」を求めていて自分の問題としてはとらえていません。
　そこでT8の質問になります。「明が変わらなくては問題は解決しないんじゃないか？」などとストレートに言ってしまっては、「そんなことはない。悪いのは部員だ。オレは一生懸命やっている」と言い返されてしまいますので、明の発言を「もっともな話」として受け入れながら、話を「明の変化」にもっていこうとする発言です。T9～10では介入がうまくいって、明は「部員

が変化したときに起こる自分の変化」を語り出しています。

　実際の事例では、このあと私が「そうなったらいいな。今度様子を聞かせてくれよ」といって終わりました。明は賢く、行動的な生徒でしたので、変化はすぐに起こったようです。数週間後、明は「やらないやつもいるけれど、前より練習していて気分がいい。自分から声を出すようにして頑張っている」と報告してくれました。

事例4　美容師になりたいまじめな恵子の進路相談

> 　恵子は礼儀正しくまじめな生徒で、将来は美容師になりたいと思っています。ただ、入学時の成績も低く、勉強はついていくのがやっとという生徒です。2学期の中間考査が終わり、クラス全員を対象とした進路面接でのひとこまです。

T1　恵子は美容師になりたいんだったよな。
S1　でも、最近はやっぱりやめようかなぁって。
T2　どうして？　1学期は絶対美容師になるって言ってたじゃない？
S2　そう言ってましたけど、勉強ぜんぜん分かんないし、やり方も分からないし、特に英語とか化学とかやっていると、ムカムカしてくるっていうか、投げ出したくなっちゃうんです。美容師になるには勉強しなくちゃいけないんですけど、やろうと思ってもそんな感じだし。だから無理かなって。
T3　そうか。それで最近浮かない顔してたんだな。でも今の言い方を聞いていると、美容師になりたくないんじゃなくて、無理なんじゃないか、だからあきらめなくちゃいけないかなって思っているって言うことか？
S3　はい。でも、多分無理。
T4　分かった。なりたい。でもなれなそうって思っているって言うことだ。

S4 はい。

T5 じゃあ、ちょっと質問するから考えて。夢に向かって結構頑張ってやっている自分の理想の状態を10点として、今の自分の状態は何点ぐらい？

S5 （ちょっと考えて）4点ぐらい。

T6 じゃあ、その4点分って何？

S6 無理かなって思うけど、一応机に向かうときもあるし、分からないけどちゃんとノートも取っているし、寝ないでちゃんと聞いている。

T7 そうか。本当だよな。恵子のノート、きれいだもんな。それに、普通分からなくなると全然やらなくなるヤツが多いけど、恵子はやっているわけだ。

S7 聞かないともっと分らなくなっちゃうから。

T8 うん。少々のことじゃへこたれないもんな。

S8 意外と粘るタイプなんですよ（笑）。

T9 いいねいいね。で、ちょっと質問なんだけど、その持ち前の粘りをほんの少しだけ発揮して、状態が5点になったときにはどうなってると思う？

S9 5点ですか。そうしたら先生とかに質問したりして、もうちょっと頑張ってるかも知れない。

T10 なるほど。他には？

S10 後は、そうですね、‥‥（いくつか話す）

T11 今、七つあげたよな。その中から二つだけ2か月続けたら、どんなふうになっていると思う？

S11 美容師も何とかなるかもしれない。いい感じ。

T12 二つやるのはむずかしいか？

S12 いいえ。6点とかだときついけど、5点だから。

T13 よし、じゃあ、試しに今週2回やってごらん。それで、どうなったか報告して。

恵子の事例の解説

　恵子は学力は低いですが、まじめに頑張るのが取り柄（資源）の生徒です。ただ「壁」が大きく見えてきて挫折しかかっていました。そこでスケーリングの質問（T5）を使って目標を細分化し、自分の資源に気付かせ（T7～9）、目標をさらに小さくすること（T11～13）で、「壁」のプレッシャーを取り除き、行動しやすくすることに取り組みました。
　恵子はその後、美容師になる夢を捨てることなく、元気に学校生活を送り、無事、専門学校に進学していきました。

第4章　学校におけるカウンセリング

　個人カウンセリングは、学校教育相談のなかの重要な活動ですが、それだけが学校教育相談ではありません。この点を踏まえずに個人カウンセリングにのみ力を入れることは、「木を見て森を見ず」ということにもなりかねません。
　この章では、自分なりの実践の中で、現在、私なりに到達している学校教育相談と学校カウンセリングについての基本的な考え方を示しました。学校教育相談はまだまだ発展途上の領域ですから、私の考えも不十分だと思います。ご批判いただき、ともに学校教育相談と学校カウンセリングを考えていく材料にしていただければと思います。

1　学校カウンセリングモデルとは

道具としてのカウンセリングモデル

　スポーツをするには、それにふさわしい道具が必要です。同じラケットスポーツでも、軟式テニスのラケットでは、硬式テニスはできません。ラケットが折れてしまいます。バドミントンもできません。重すぎるからです。
　では、学校でカウンセリングをするための道具は何でしょう。
　これまで教師は、来談者中心療法や箱庭療法などの心理臨床の専門機関で発達してきた「心理臨床モデル」とも言うべきものを、学校カウンセリングの道具として使用してきました。
　しかし、この心理臨床モデルは、必ずしも学校でうまく機能してきませ

んでした。しかも、それは日本に限ったことではありませんでした。

　アメリカのスクールカウンセリングの代表的指導者の1人であるミリック(1993)やウィットマー(1993)は、米国でも、かつてはロジャーズモデルを中心とした心理臨床モデルを学校状況に適用しようとしたが、その試みは挫折したばかりか、学校カウンセリングにとってマイナスの影響を与えた面もあったと指摘しています。

　日米に共通するこのような現象は、「学校社会による心理臨床モデルの拒絶」、あるいは、「学校における心理臨床モデルの挫折」ということができるでしょう。もうずいぶん前になりますが、河井(1985)は、心理臨床の専門機関で開発され発展してきた心理臨床モデルを、学校という場や教育という特殊性を考慮することなく無批判に教育の場に持ち込んだことに問題の根幹が潜んでいると指摘しています。私も同意見です。

　実際、学校現場で活動を始めているスクールカウンセラーの方々も、「心理臨床モデルをそのまま学校で用いることはできない」という趣旨の発言をしています。心理臨床の訓練を受け、授業をもたず、生徒指導も担当しないスクールカウンセラーですらそうなのですから、心理臨床の非専門家で、生徒指導も担当し、評価権をも持つ教師が、校務や多忙な学校生活の現実の中で、心理臨床モデルを使うのが困難なのは当たり前のことだと思うのです。

　学校に心理臨床モデルが定着しなかった根本的な問題は、教師カウンセラーの教師としての力量不足でも、心理臨床モデル自体が効果がないのでもなく、心理臨床モデルを学校状況へ適用したこと、つまり、テニスのラケットで、バドミントンをしようとしたことだと思っています。

心理臨床モデルの問題点

　では、学校に心理臨床モデルを持ち込むことの問題点は何でしょうか。いくつかあると思いますが、近藤(1995)は、通常の心理療法の、①問題発

生後に、②個人を対象に、③心理臨床の専門家が、④非生活空間で、⑤治療的介入を行うという五つの枠組が、学校カウンセリングではすべて崩れる可能性があると指摘しています。つまり、学校という場では心理臨床モデル自体が成立するための基本的枠組すら守れないのです。

また、学生相談の領域での研究ですが、下山(1991)は、心理療法モデルは「社会的現場から離れて理論としてのみ研究しているならば特に問題のないモデルであるといえる。しかし、社会的現場で活用するにあたって相談活動そのものを社会的コンテキストのなかにどのように位置づけていくかという点については、ほとんど役に立たないモデルである」と痛烈に批判しています。

この指摘は、学校と心理臨床モデルとの関係にも、そのまま当てはまるといえるでしょう。心理臨床モデルが学校に定着しなかったのは、そもそも学校に定着できないようなものだったからではないでしょうか。

学校カウンセリングモデルの現状

心理臨床モデルが学校で十分に機能しないのならば、普通の教師が、日常の教育活動の中で、普通の生徒たちを相手に使用するための「学校カウンセリングモデル」が必要になるはずです。

かなり以前から、学校カウンセリングモデルの必要性を指摘する方々がいました。しかし、残念なことに、実際に開発された「学校カウンセリングモデル」は、数えるほどしかありませんでした。最近は解決志向アプローチが学校に浸透し始めていますが、学校カウンセリングモデルといえるレベルまでは、まだ成熟していないと思っています。

また、やや視点を変えますが、上地(1984)は、「児童の心理治療技法として有用度が高い遊戯療法や箱庭療法及び絵画療法に匹敵する青年期特有の治療技法は、現在のところ未開発の状態にある」と指摘しています。中学生や高校生という発達段階をふまえたカウンセリング理論や技法がほとんど

開発されていない状況は、現在もあまり変わってはいないようです。彼らの発達を促進するための技法が必要だと思います。

ここまで述べてきたことをまとめると、学校教育相談を具体的に推進するには、学校という場、生徒の特質、教師の特質などを十分に考慮した、普通の教師カウンセラーにも十分使用可能な「道具」としてのカウンセリングモデルの開発が必要だということです。

学校カウンセリングモデルの条件

既存モデルがそのままでは学校で通用しないとすれば、どのような条件を満たしたとき、カウンセリングモデルは学校でうまく機能するのでしょうか。私は、学校教育相談の歴史的分析や先行研究などをまとめた結果、学校カウンセリングモデルは、次の十条件をできるかぎり満たす必要があると考えています。

①学校のなかでの活動という視点を持つ

学校は教職員が協力して生徒の指導や支援にあたることを前提とした集団です。ですから、学校カウンセリングは学校システムの中での教育活動の一つという視点が不可欠です。これは以下の9条件の基盤となる基本的で絶対的な条件です。

②発達支援的(開発的)である

心理臨床モデルの多くは、「過去」の対人関係や家庭環境に注目し、そこから問題や症状の原因を探索し、その除去や修正を通じて問題の解決をはかろうとします。これに対して、発達支援的モデルは生徒の問題を発達課題ととらえ、過去よりも「現在」と「未来」を重視しながら、生徒の成長を支援するアプローチです。

③具体的な対処行動を支援するモデルである

生徒たちは、「進路が分からない」「友達とうまくいかない」「勉強が分から

ない」といった具体的な問題で悩んでいます。学校臨床モデルとは、こうした具体的な問題に生徒が対処する過程を支援し、そのことを通して生徒の人格的成長を支援するモデルです。

④短期モデルである

　学校は、年度、学期、週といった単位で動いています。そのため生徒の悩みも時間的制約を受ける問題が多くなります。生徒の最大の悩みである進路問題はその典型です。不登校についても高校の場合は進級をにらみながら短期的解決を模索せざるを得ません。このような相談内容や教師の多忙性、生徒の低い動機付けなどからすれば、モデルは必然的に短期モデルになります。ただしこれは、学校における長期的カウンセリングの必要性を否定するものではありません。

⑤多様な支援資源を取り込んだサポートモデルである

　教師の心理臨床的専門性の低さや学校の日常空間性からすれば、学校外の支援資源との協力は不可欠です。また、教師が得意とする支援は、情緒的サポートよりは情報的サポートや評価的サポート、実際的(道具的)サポートなどです。さらに学校には豊かな支援資源がありますし、家庭の協力も得やすいという特徴もあります。このようなことを考えれば、学校におけるカウンセリングは、さまざまなサポートや学校内外の豊かな支援資源をつなぐ場と位置づけることが得策と思われます。

⑥環境調整や環境改善という社会的視点を持つ

　学校カウンセリングには、生徒の成長を促進するような環境を形成するという視点が必要です。いじめなどの事態が生じた場合、心理主義に陥ってそれを心理的問題としてのみ扱い、友人集団や学校のあり方の改善を図る視点がないならば、学校カウンセリングはむしろマイナスだということです。

⑦ある程度の治療的ニーズにも応えられる

　スクールカウンセラー制度は今後も発展し定着すると思われますが、絶対数の不足や勤務の実態などからすれば、教師カウンセラーもある程度の

治療的なニーズに応える必要があるでしょう。

⑧安全性の高いモデルである

　心理臨床は、ひとつ間違えば心を深く傷つける危険性を伴います。心理臨床的訓練を十分に受けていない教師がむやみに心理面接を行うことは、危険なばかりでなく非倫理的ですらあります。ましてや学校カウンセリングの対象は、表現力も乏しく自我も未成熟な児童生徒です。モデルには、高い安全性がどうしても必要です。

⑨研修が容易なモデルである

　教師は心理臨床の専門家ではありませんから、高度な心理臨床的専門性を要求するモデルではなく、理論的にも技法的にも明快で簡潔なモデルが必要です。どんなに優れた理論や技法であっても、ごく一部の教師にしか習得できないモデルではあまり役に立ちません。

⑩動機付けの低い生徒にも適用が可能である

　学校カウンセリングは、非行傾向の生徒や面接を受けたがらない生徒をも対象とします。こうした生徒に適用できない技法であれば、役に立ちません。学校カウンセリングモデルはこうした生徒の面接への意欲を喚起するモデルである必要があります。

　学校で使用するカウンセリングモデルは、できるだけこのような条件を満たすほうが良いということです。実際には、学校と比較的相性のよい既存のモデルを土台にし、各モデルの学校で使えそうな部分を統合した折衷モデルを考案するのが現実的だと思います。

　モデルは多くあったほうがいいと思います。たとえば、生徒の発達段階や実状に合わせて、小学校では遊戯療法をベースとしたモデル、障害児教育ではコミュニティ心理学の方法論を前面に押し出したサポートモデルなどが考えられます。

学校カウンセリングモデルのあるべき方向性

学校の先生方には、私よりもはるかに力のある方がたくさんいらっしゃいますし、心理臨床モデルにさまざまな工夫を加えた実践を発表しておられます。こうした論文は、いわば「応用」に属するものだと思います。こうした実践研究は、教師による教育相談の可能性を広げる上では非常に重要だと思っています。

　しかし、それらは多くの教師カウンセラーのための一般性をもつかというと、そうも言えません。実際にはほんの一握りの教師カウンセラーにしかできない実践だからです。

　私は、こうした研究の一方で、普通の教師カウンセラーにも使用できるモデルが必要だと考えています。確かに心理臨床は教師にはない視点を与えてくれます。しかし、私たちの実践は心理臨床ではなく教育臨床です。私たち教師は心理臨床から学びながらも、教師の感性と知恵を結晶させた教育臨床のためのモデルを模索すべきなのではないかと思っています。

　前出のミリックは、「学校に根ざした新しいカウンセリング理論が必要である。それらは、おそらく、生徒たちに特有のニーズや関心に焦点を合わせた短期的アプローチであろう。‥‥学校で使用可能なブリーフカウンセリングアプローチを開発する必要がある。理論の基本的な哲学は同じままと言ってさしつかえない。しかし、目標は制限されなければならないだろうし、技法は凝縮され、強められ、再構成され、制限時間内に披露されなければならないだろう。スクールカウンセラーは包括的な理論を必要としている。その理論は、多くの人々が理解し利用できるような実用的でシンプルなものでなくてはならない」と指摘しています。

　この指摘は、スクールカウンセラー以上に教師カウンセラーに当てはまると言えるでしょう。

2　カウンセリングは学校教育相談にどう位置づけられるのか

　教育相談は、「生徒指導の一環としてすべての教師によってさまざまな機会と場面において行われるもの」(文部省　1990)と明記されています。つまり、日本の学校カウンセリングは、教育相談担当者を中心にしながら、すべての教師が担うべき活動と位置づけられているということです。

　しかし、「教育相談」にかかわるようになった頃、私には、いったい何をするのが「教育相談」なのか、その具体像が分かりませんでした。

　その後、いろいろな場で勉強する中で徐々に見えるようになってきたことがあります。また、学校教育相談については大野(1997)や石隈(1999)が実践をふまえた論理を展開していて、大変勉強になります。

　ここでは、私が勉強してきたことと実践のなかで感じたことを踏まえて、学校教育相談を三つの活動に分けて考えています。そして、その中にカウンセリングがどう位置付くのかを整理してみたいと思います。

(1)　広義のカウンセリング活動

①　四つの活動

　学校教育相談の中核的活動は、広義のカウンセリング活動です。それはさらに、
　①カウンセリング(個人カウンセリング・グループカウンセリング)
　②ガイダンス
　③コンサルテーション
　④コーディネィション

の四つの活動に分類できるでしょう。日本の場合、ホームルームガイダンスを行うのは主として担任と考えられ、その面からも、(1)カウンセリングと(2)ガイダンスとを分けて考えるほうが現実的であるように思います。

この四つの活動を組み合わせながら、教育相談係は、不登校やいじめ、あるいは危機的状況への介入などを展開していくことになります。ですから、カウンセリングだけを一生懸命勉強しても、それだけでは十分な対応はできないということになります。

② 基盤としてのアセスメント

　ところで、この四つの活動は、短期学校カウンセリング5段階モデルで言えば、「対処方法」に相当します。

　どのような対処方法であれ、やってみるに越したことはないという考え方もありますが、その前に、できれば的確な「モニタリング」をしておきたいところです。

　このモニタリングをアセスメント（査定）といいます。**アセスメントとは、どのような援助方針をとるかを決定するために必要な情報を集め、判断の材料にするための一連の過程**です。環境アセスメントということばがありますが、そのアセスメントです。

　学校におけるアセスメントでは、心理的側面だけではなく、その生徒の交友関係や支援資源などを幅広くすることが役に立ちます。そのためには、担任や養護教諭、相談係などの関係者が集まって情報を出し合うことが役に立ちます。

　この情報を出し合う会議を**アセスメント会議**、あるいは**チーム援助会議**といいます。私は必要に迫られて約1990年頃からこのような会議を開いてきました。最近は、多くの学校でこのような会議が開かれるようになり、いいことだと思っています。また、この会議を開くこと自体が、コーディネーションであり、コンサルテーションであるともいうことができるでしょう。

　困った事態が起こると、どうしても関心は「どうしたらいいか」という対処方法に向かいがちです。ただ、これからの教育相談では、アセスメントを重視する方向に進んだほうがいいのではないかと、私は思っています。

```
         ┌──────────────┐
         │ アセスメント会議 │
         │ ・理解の共有   │   ┌──────┐
┌────┐   │ ・支援活動の   │   │ 支援 │
│問 題│──→│   ブレンド    │──→│  の  │──→
└────┘   │ ・支援活動の   │   │ 実行 │
         │   役割分担    │   └──────┘
         └──────────────┘
```

図4　アセスメント会議

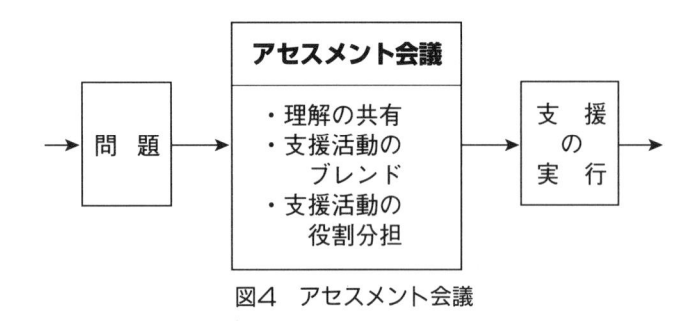

それが、結局、よりよい支援を可能にするからです。

(2) プロモーション活動と統合活動

カウンセリング活動を展開するのは、教育相談についての理解を深める研修を展開するといった基盤の整備が必要です。ただ、このような一般的なものだけでは、具体的な活動は展開しません。カウンセリング活動を実際に担うのは、「教育相談担当者」と「すべての教師」です。ですから、「教育相談担当者によるカウンセリング活動」と「すべての教師によるカウンセリング活動」が展開しやすい状況を作るための具体的な活動が必要です。予算をとったり、年間計画を作成したり、書籍や資料を充実させたり、やることはたくさんあります。これがプロモーション活動です。

もう一つの活動が統合活動です。

学校教育相談は、日常の実践としては、プロモーション活動とカウンセリング活動として行われることになります。

しかし、さらに大切なのは、このような教育相談活動を評価し、その評価に基づいて、学校教育相談活動の定着化や教育相談的視点から見た教育活動の見直しをはかるという組織化活動です。

以上、プロモーション活動・カウンセリング活動・統合活動の三つが学校教育相談を構成する要素です。

以下に、学校教育相談の全体像を図示してみました。全体像を眺めてみると、カウンセリングは学校教育相談のごく一部であることがわかります。カウンセリングだけが突出していても、全体は機能しにくいものです。

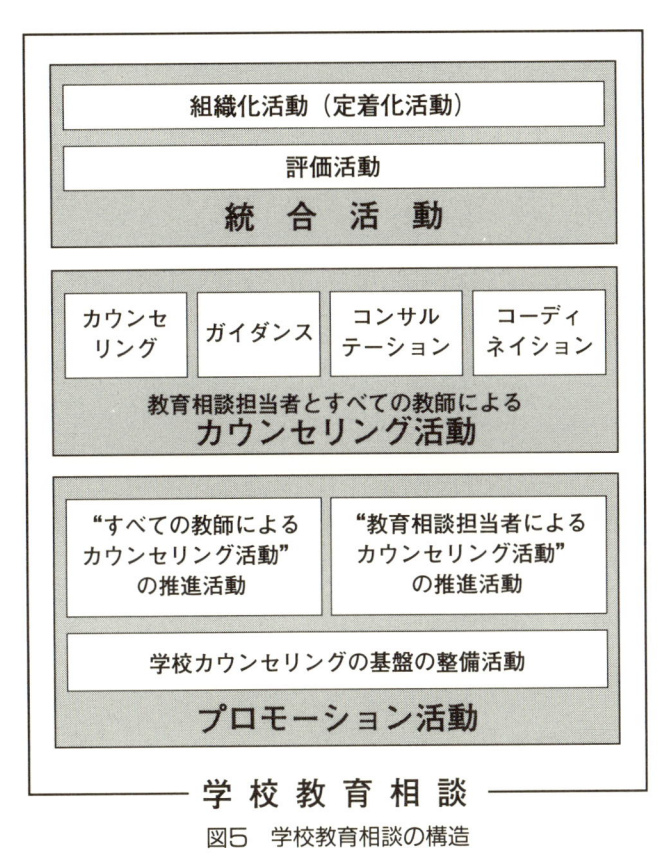

```
┌─────────────────────────────────────┐
│  ┌───────────────────────────────┐  │
│  │   組織化活動（定着化活動）      │  │
│  ├───────────────────────────────┤  │
│  │          評価活動              │  │
│  │        統 合 活 動             │  │
│  └───────────────────────────────┘  │
│  ┌───────────────────────────────┐  │
│  │ ┌────┐ ┌────┐ ┌────┐ ┌────┐  │  │
│  │ │カウン│ │ガイ │ │コンサ│ │コーディ│ │
│  │ │セリ  │ │ダンス│ │ルテー│ │ネイ  │ │
│  │ │ング  │ │    │ │ション│ │ション│ │
│  │ └────┘ └────┘ └────┘ └────┘  │  │
│  │  教育相談担当者とすべての教師による  │
│  │      カウンセリング活動         │  │
│  └───────────────────────────────┘  │
│  ┌───────────────────────────────┐  │
│  │ ┌──────────┐ ┌──────────┐    │  │
│  │ │"すべての教師│ │"教育相談担│    │  │
│  │ │による      │ │当者による │    │  │
│  │ │カウンセリン│ │カウンセリン│   │  │
│  │ │グ活動"     │ │グ活動"    │   │  │
│  │ │の推進活動  │ │の推進活動 │    │  │
│  │ └──────────┘ └──────────┘    │  │
│  │ ┌──────────────────────────┐  │  │
│  │ │学校カウンセリングの基盤の整備活動│ │
│  │ └──────────────────────────┘  │  │
│  │        プロモーション活動       │  │
│  └───────────────────────────────┘  │
└─────────────────────────────────────┘
          ── 学 校 教 育 相 談 ──
```

図5　学校教育相談の構造

⑶ スクールカウンセラー導入後の教育相談の動き

　1995年に文部省がスクールカウンセラー事業をはじめて以来、自治体の

第4章　学校におけるカウンセリング

独自の教育相談事業にも弾みがつき、多くの人たちが学校にかかわるようになってきています。さまざまな人たちが子どもたちにかかわるようになったことは、子どもたちにとっては、基本的には良いことであると思います。

ただ、こうした動きの中で危惧することは、「教育相談は治療である」「教育相談は教師の役割ではないから、教育相談とはかかわらない」という認識が徐々に浸透しているように感じるのです。文部省（1997）などのいくつかの報告では、実際にこのような動きがあることを指摘しています。子どもたちの抱える問題の深刻化は、こうした教師の意識に拍車をかけているようです。

確かに子どもたちの抱える問題は、深刻化と複雑化の様相を示しています。専門的援助の必要性は、今後ますます高まっていくでしょう。だからといって、教育相談を専門家による治療的活動と考えるようになるのは、すべての生徒の成長と発達を支援するという方向へ広がりを見せつつあった学校教育相談にとって、明らかにマイナスです。

(4) 役割分担とネットワーク

このような時代にあって重要なのは、誰が、何をすることが必要なのかを明確にし、その連携を図るシステムを構築することだと考えます。

そこで学校教育相談を構成する三つの活動――プロモーション活動・カウンセリング活動・統合活動――のうちのカウンセリング活動について、誰がどのような仕事をすればいいのかを次頁のように図にしてみました。

左下の斜線部分のA領域は、活動の場が学校であることによって生じる制約等により、外部の専門機関などにリファーが必要な領域を想定しています。B領域は校内で活動するスクールカウンセラーなどがカバーすべき領域です。斜線部のC領域は、スクールカウンセラーによっては埋められない領域であり、これが教師カウンセラーや養護教諭などの教育相談担当者

図中のテキスト:

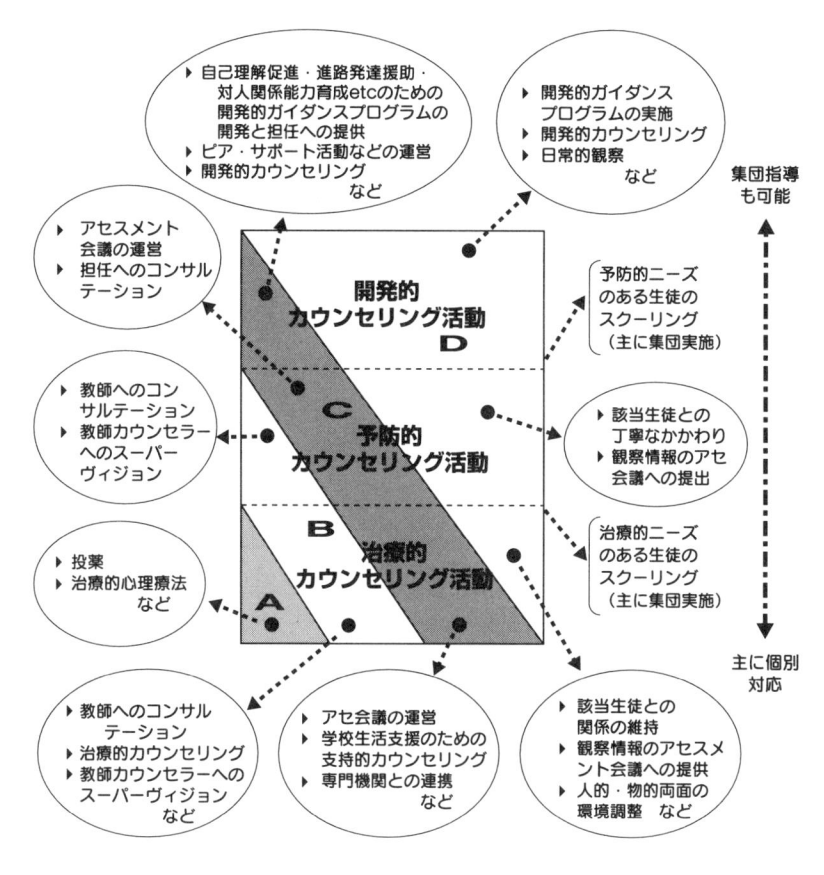

- 自己理解促進・進路発達援助・対人関係能力育成etcのための開発的ガイダンスプログラムの開発と担任への提供
- ピア・サポート活動などの運営
- 開発的カウンセリング　など

- 開発的ガイダンスプログラムの実施
- 開発的カウンセリング
- 日常的観察　など

- アセスメント会議の運営
- 担任へのコンサルテーション

- 予防的ニーズのある生徒のスクーリング（主に集団実施）

- 教師へのコンサルテーション
- 教師カウンセラーへのスーパーヴィジョン

- 該当生徒との丁寧なかかわり
- 観察情報のアセ会議への提出

- 投薬
- 治療的心理療法　など

- 治療的ニーズのある生徒のスクーリング（主に集団実施）

- 教師へのコンサルテーション
- 治療的カウンセリング
- 教師カウンセラーへのスーパーヴィジョン　など

- アセ会議の運営
- 学校生活支援のための支持的カウンセリング
- 専門機関との連携　など

- 該当生徒との関係の維持
- 観察情報のアセスメント会議への提供
- 人的・物的両面の環境調整　など

中央の図：
- 開発的カウンセリング活動　D
- 予防的カウンセリング活動　C
- 治療的カウンセリング活動　B
- A

右端：集団指導も可能 ↕ 主に個別対応

A：専門機関の守備領域
B：スクールカウンセラー等の守備領域
C：教師カウンセラー等の守備領域
D：担任等の守備領域

図6　学校カウンセリングの三領域と関係者の活動

がカバーする領域と考えられます。なおB領域は、スクールカウンセラーの配置されていない学校では、教師カウンセラーの力量に応じて、CもしくはA領域に取り込まれることになります。そして、最後の右上の大きな三角形のD領域が、担任をはじめとするすべての教師によって展開されるべき教育相談の領域ということになります。

たとえば、治療的ニーズの高い生徒は、前頁の図で言うと、治療的教育相談活動の対象となる生徒ですが、その場合には、担任・教育相談担当者・スクールカウンセラー・専門機関の連携が必要になるということです。そして、その核となるのがC領域を担う教育相談担当者ということになります。スクールカウンセラーが学校に入ってきても、連携の中心は教師カウンセラーであるということを、教師カウンセラーは忘れてはならないし、主体性を失ってはならないと思います。

　また、特別な援助ニーズのない生徒は、開発的教育相談活動の対象となりますが、図からすると、この領域は教育相談担当者と担任がかかわる領域です。この領域の活動としては、たとえば、教育相談担当者がエンカウンタープログラムを担任に提供して、担任に実施してもらうといった実践が考えられます。ここでも大切なのは、担任と教育相談担当者との連携です。

　また、ある生徒が治療・予防・開発のどの援助ニーズを強く持っているのかを調べることも教育相談担当者の働きになるでしょう。

　これまで個人カウンセリングは、治療的なニーズの高い生徒に対する支援方法と考える傾向が強かったように思います。もちろん、そういうニーズはありますし、これからはさらに増えていくことが予想されます。

　ただ、学校カウンセリングの守備範囲はそれだけではありません。たとえば、進路カウンセリングは開発的教育相談活動であり、治療的な活動ではありません。進路問題は、誰もが必ずぶつかる壁であり、それを適切に乗り越えることによって成長し、自己実現に至る発達課題でもあります。こうした問題の解決支援の方法としても機能するカウンセリングモデルが学校には必要だと思います。それが、この短期学校カウンセリング5段階モデルです。

〈参考文献〉

- 足立明久　1990　「進路相談においてメタ認知的観点から自己実現を促進する発言様式と介入方略」　教育心理学研究38　pp. 349〜359
- 足立明久　1997　「生徒指導・進路指導におけるカウンセリングの活用方法──応答(発言)技法と開発的カウンセリングを中心に」　京都教育大学紀要 Ser. A. 91　pp. 57〜70
- 保坂一己　1993　「中学校・高校のスクール・カウンセラーの在り方について──私立女子校での経験を振り返って」　東京大学教育学部心理教育相談室紀要15　pp. 65〜76
- 保坂一己　1994　「スクールカウンセラーの在り方について　その2──教師との関わりについて」　東京大学教育学部心理教育相談室紀要16　pp. 93〜105
- 河井芳文　1985　「学校教育相談の現状と課題」(藤原喜悦他編　『学校教育相談の実際』)　教育出版　pp. 1〜17
- 近藤邦夫　1995　「スクールカウンセラーと学校臨床心理学」(村山正治・山本和郎編『スクールカウンセラー　その理論と展望』)　ミネルヴァ書房　pp. 12〜26
- Myrick, R. D. 1993 *Developmental guidance and counseling : A practical approach. (2nd ed.)* Minneapolis : Educational Media Corporation.
- 下山晴彦　1991　「大学教育と学生相談──カウンセリングモデルから統合システムモデルへ」　教育と医学39(5)　pp. 478〜485
- 上地安昭　1984　『時間制限心理療法の理論と実際』　金剛出版
- Wittmer, J. 1993 *Managing your school program : K-12 Developmental strategies.* Minneapolis ： Educational Media Corporation.
- 文部省　1990　『学校における教育相談の考え方・進め方──中学校・高等学校編──』
- 大野精一　1997　『学校教育相談──理論化の試み』　ほんの森出版
- 石隈利紀　1999　『学校心理学──教師・スクールカウンセラー・保護者のチームによる心理教育的援助サービス』　誠信書房
- 文部省　1997　『平成7・8年度　スクールカウンセラー活用調査研究委託研究集録』

あとがき

　数年前、私は、そろそろ試行錯誤を脱して学校教育相談、あるいは学校カウンセリングについての自分なりの知見をもちたいという思いをもっていました。ちょうどその頃、埼玉県派遣の大学院研修教員となることができ、2年間という時間を与えられました。

　兵庫教育大学大学院での2年間は、教師になってからの追われるように過ごしてきた日常を脱し、これまで積み上げてきた自分の実践をゆっくりと振り返り、研究という形で検証する機会となりました。その時の修士論文「学校教育相談における短期カウンセリングモデルの研究」(1998　兵庫教育大学大学院)が、2000年度に『月刊学校教育相談』に1年間連載した「短期学校カウンセリングモデルの試み」の下敷きとなり、さらにその連載が、本書のもとになっています。

　早いもので、その時からすでに2年半がすぎました。基本的な発想は当時と変わっていませんが、修士論文よりも連載のほうが、そして、連載よりも本書のほうが、よりシンプルでクリアになっていると思います。心理臨床的なアプローチになれた人には物足りないと思いますが、私はそれでよいと思っています。ミリックが言うように、教師カウンセラーに必要なのは、明快な理論とシンプルな技法だからです。

　現在、私はほとんどの生徒にこのモデルを用いて面接をしていますが、最近は本書には盛り込めなかったいくつかのアイデアも取り入れ始めています。今後さらに改良を加えて、多くの先生方の役に立つものにしていきたいと考えています。

　また、心理臨床家ではなく、私以外の教師カウンセラーの方が、このモデルとは違った視点から、新たなモデルを提案されることを心から期待しています。

本書を閉じるにあたり、感謝したい方々がたくさんいます。浅学で怠け者の私が、このような本を書く機会を与えられたのは、実にたくさんの先生方のご指導と温かい励ましがあったからでした。この場を借りて、お礼申し上げます。

　兵庫教育大学大学院在学中に短期療法についてご指導くださり、スーパーヴィジョンまでしていただいた上、本書に過分な「発刊に寄せて」をお寄せくださった上地安昭先生。先生との出会いがなければこの本は生まれませんでした。

　教師になり立ての頃からご指導くださり、具体的にご支援いただいている中村孝太郎先生。学校教育相談とは何かをその後ろ姿で教えてくださった故飯島英太郎先生。学校教育相談にかかわるきっかけを与えてくださり、いつもご支援いただいている柴﨑武宏先生。教育相談と生徒指導の関係を実践的に教えてくださった佐藤勝男先生。先輩としていつも適切なアドバイスをしてくださる相馬誠一先生。

　さまざまな研修の場を提供してくださった森川澄男先生、下司昌一先生、日野宜千先生、松本昌治先生、斎藤英男先生、高部博子先生。

　学校教育相談の実践にともに取り組んできた川口青陵高校、越谷東高校の教育相談係の先生方、埼玉県高等学校教育相談研究会東部支部の理事の先生方、埼玉教育相談研究会と埼玉交流分析研究会の先生方、兵庫教育大学大学院でともに学んだ先生方。

　研究の機会を与えてくださった埼玉県教育委員会、さまざまな配慮をしてくださった越谷東高等学校長の遠藤英一先生、栗山武司先生、藤浪康義先生。学校を離れるにもかかわらず温かく送りだしてくださった越谷東高等学校の諸先生。

　お名前はあげられませんが、心にかけてくださっていた多くの先生や知人の方々。本書の出版の機会を与えてくださったほんの森出版の佐藤敏さん。

　そして、失敗ばかりの未熟な私に、教師として頑張るエネルギーをくれ

たばかりか、あまりうまくもない私の面接につきあってくれた多くの教え子たち。

　最後に、私を支えてくれている両親と妻裕香、いつも元気な結莉と一樹に感謝します。

2001年7月

著者

〈著者紹介〉
栗原　慎二（くりはら　しんじ）
広島大学大学院教育学研究科附属教育実践総合センター教授。学校教育学博士。
1959年青森県生まれ。埼玉大学大学院文化科学研究科修士課程修了。社会科教諭として埼玉県立高校3校に勤務。教育相談とは教師生活の始まりとともにかかわる。その間、兵庫教育大学大学院学校教育研究科（生徒指導コース）修士課程修了。2003年より広島大学大学院に勤務。実践的な研究が中心で、教育現場のスーパーバイザーとして学校改革に取り組みながら研究を進めている。

〈おもな著書〉
『「難しい親」への対応』（訳）溪水社、2010
『アセスの使い方・活かし方』（編著）ほんの森出版、2010
『児童・生徒のための学校環境適応ガイドブック』（編著）協同出版、2009
『ピア・サポート実践ガイドブック』（編著）ほんの森出版、2008
『新しい学校教育相談の在り方と進め方』（著）ほんの森出版、2002

〈主要論文〉
「学校カウンセリングにおける教員を中心としたチーム支援のあり方―不登校状態にある摂食障害生徒の事例を通じて」（教育心理学研究、2006）
「学校における短期カウンセリングモデルの研究」（カウンセリング研究、2002）
「学校におけるカウンセリングの動向と今後の方向性―ブリーフカウンセリングを中心に」（上地安昭教授と共同執筆　2001、カウンセリング研究）

ブリーフセラピーを生かした学校カウンセリングの実際
短期学校カウンセリング5段階モデルの提案

2001年8月10日　初版
2011年8月20日　5版

著　者　栗原　慎二
発行者　兼弘　陽子
発行所　ほんの森出版株式会社
〒145-0062 東京都大田区北千束3-16-11
TEL03-5754-3346　FAX03-5918-8146
http://www.honnomori.co.jp

印刷・製本所　電算印刷株式会社

Ⓒ　Shinji Kurihara　2001
落丁・乱丁はお取り替えします　ISBN978-4-938874-25-4 C3037